キャリア教育に活きる！

センパイに聞く

仕事ファイル

25

ベビー
の仕事

産婦人科医
ベビーカー開発
液体ミルク開発
プレイリーダー
ベビー服デザイナー
病児保育士

小峰書店

小峰書店 編集部 編著

Contents

産婦人科医

Obstetrician-Gynecologist

東京女子医科大学病院
柏崎咲絵さん
後期研修2年目 27歳

安心して出産できる
ように、女性を
サポートします!

妊婦さんが赤ちゃんを無事に出産できるようにサポートしたり、女性特有の病気を治療したりするのが、産婦人科医の仕事です。東京女子医科大学病院産婦人科の専攻医※として働きながら学ぶ、柏崎咲絵さんにお話をうかがいました。

用 語 ※ 専攻医 ⇒ 希望する診療科の専門医となるために研修中の医師のこと。

Q 産婦人科医とはどんな仕事ですか?

「産婦人科」は、「産科」と「婦人科」という、女性を対象とするふたつの診療科を合わせた名前です。

産科では、妊婦さんと、妊婦さんのおなかにいる赤ちゃんを、妊娠期間の約10か月に渡って見守り、安心して出産できるようにサポートします。医師は、定期的に診察をして、おなかにいる赤ちゃんの状態をチェックします。妊婦さんは、たくさんの不安をかかえているので、アドバイスをしたり、疑問に答えたりして、コミュニケーションをとるのも大切です。出産のときは、妊婦さんや赤ちゃんの状態に注意しながら、無事出産できるように手伝います。また、必要に応じて、手術で赤ちゃんを取り上げる「帝王切開」も行います。

一方、婦人科は、女性の体にある子宮や卵巣、膣などに起きる病気の治療をします。例えば、月経不順の治療や妊娠を望む男女に対しての不妊治療、50歳前後で心や体が不調になる更年期障がいの対応などです。

町の病院では、産科と婦人科の区別はなく、産婦人科で診察を受けるのが一般的です。しかし、東京女子医科大学病院のように規模が大きい病院は、患者さんの数が多く、病気をもつ妊婦さんもいるので、産科と婦人科に分けて、より専門性の高い医療を提供しています。

私は現在、産科で、おもに治療が必要で入院している妊婦さんたちの治療をしています。

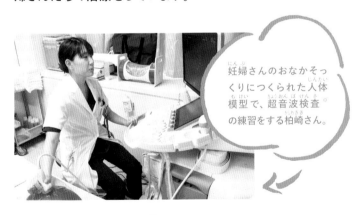

妊婦さんのおなかそっくりにつくられた人体模型で、超音波検査※の練習をする柏崎さん。

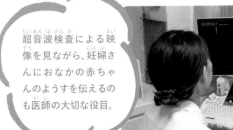

超音波検査による映像を見ながら、妊婦さんにおなかの赤ちゃんのようすを伝えるのも医師の大切な役目。

Q どんなところがやりがいなのですか?

「命の誕生」という、感動の瞬間に立ち会えることです。赤ちゃんが産まれるまでの道のりは、本当に大変なことばかりです。とくに大学病院は、内臓の病気をもつ人や高血圧の人、早産の危険がある人など、難しい出産をひかえた妊婦さんがたくさんいます。出産時だけでなく、妊娠中に思わぬ事故が発生することもあります。だからこそ、妊婦さん、おなかの赤ちゃん、家族、医療スタッフのみんなでがんばって出産に臨み、無事に産まれたときは、何にも代え難い幸せに包まれます。この気持ちを味わえることが、産婦人科医のやりがいです。1日に約2件の出産に立ち会っていますが、その度に感動して涙が出そうになるんですよ。

また、家族が赤ちゃんと初めて対面したときの喜びあふれる笑顔を見られるのも、格別です。「先生、ありがとうございます」と感謝の言葉をもらうと、この仕事を選んでよかったと心から思います。

柏崎さんのある1日

07:15 出勤。患者さんの状態を記録したカルテの確認をし、必要な場合は処置を行う。
　　　▼
　　　その後、患者さんの治療方針を話し合うカンファレンスの準備

08:15 カンファレンス
　　　▼
09:00 病棟業務。入院している患者さんの診察や出産の準備などを行う
　　　▼
11:00 緊急で運ばれてきた患者さんの対応
　　　▼
12:30 出産の立ち会い
　　　▼
13:40 ランチ。空いた時間にすませる
　　　▼
14:00 帝王切開で胎児を取り出す
　　　▼
16:30 妊婦さんや患者さんのようすを確認
　　　▼
17:00 夜担当の医師に申し送り
　　　▼
17:30 退勤

用語　※超音波検査⇒人間の耳では聞こえない高い周波数の音（超音波）を体にあてて、その反響で体のなかの臓器や組織を映像化する検査法。エコー検査とも呼ばれる。

Q 仕事をする上で、大事に　　　していることは何ですか？

　新人ドクターなので、自ら学ぶ姿勢を大事にしています。ベテランの先生に意見を聞くときも、自分ならどう判断するかをまずは考えます。考えてから話を聞くと、自分に足りなかった見方に気づくことができて勉強になるからです。

　また、医療はつねに進化しているので、最新の医療を学ぶことも重要です。病院内で行われる勉強会に参加したり、全国の産科婦人科医が集まって研究の発表をする「学会」に参加したりして、知識を増やすようにしています。

　このほか、初心を忘れないことも大切です。医師になったばかりのころは、患者さん寄りの目線で見ていたことも、慣れてくると医療側の目線で見てしまいがちです。どんなときも、患者さんをいちばんに考え、寄りそうことを忘れないように心がけています。

休憩中でも院内用の携帯電話で患者さんの容態を確認。片時も気がぬけない。

経験豊富な先輩医師に、治療のことで意見を求める柏崎さん。「今は、すべてが勉強です」

Q 今までに　　どんな仕事をしましたか？

　医師国家試験に合格後、初期研修医として2年間、さまざまな診療科の仕事を経験しました。初期研修は、どの診療科を専門にするかを決めるために、義務づけられている勉強期間です。学びの期間ですが、私は仕事としての自覚をもって働きました。

　初期研修が終わると医師として認められます。多くの場合、その後も選択した診療科の専門性を高めるため、専攻医として3～5年、働きながら学びます。

　私は産婦人科の「専門医」を志すことを正式に決め、専攻医という立場で働いています。数か月ごとに産科と婦人科を担当し、妊婦さんや患者さんと接しながら、知識や技能を身につけています。

Q なぜこの仕事を　　目指したのですか？

　両親がともに産婦人科医だったので、自然と自分も、患者さんや妊婦さんたちに寄りそう産婦人科医になりたいと思っていました。とはいえ、仕事の大変さはよく知っていたので、迷いもありました。出産はいつ起こるかわかりません。また、妊婦さんの状態がいつ変わるかもわかりません。産婦人科医は休みの日でも気がぬけない仕事です。本当に自分にやる覚悟があるのか悩みました。

　でも、初期研修で、妊婦さんと妊婦さんの家族、助産師※、医師、看護師が一丸となって出産をむかえる姿を目の当たりにして、気持ちがはっきりしました。その赤ちゃんが産まれた瞬間の感動は今でも忘れられません。この経験で、産婦人科医になることを決意しました。

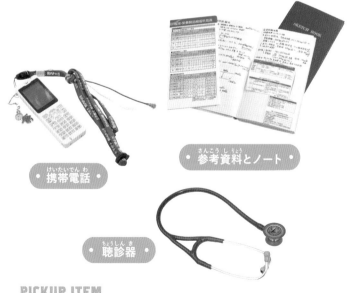

● 携帯電話
● 参考資料とノート
● 聴診器

PICKUP ITEM

参考資料とノートは、治療でわからないことがあったときの確認用。ノートには勉強したことや、参考にした資料のコピーをはるなど、工夫してまとめている。携帯電話は緊急の呼び出しに備えて持ち歩く病院内用。聴診器は自分専用のもの。患者さんの体にあてて体内の音を聴き、調子を確かめる。

用 語　※ 助産師⇒妊婦の出産を助け、新生児の保健指導を行う専門職の国家資格。日本では女性にのみ受験資格があたえられている。

Q 仕事をする上で、難しいと感じる部分はどこですか？

出産では、何が起こるかわかりません。妊娠中に問題がなくても、出産時に急に状態が悪くなることもあります。また、できる限りの治療や処置をほどこしても、赤ちゃんの命が助からないこともあります。そのようなときは、とてもつらくなります。こうしたときに、自分の気持ちを整理するのがもっとも難しい部分かもしれません。

出産をひかえている妊婦さんたちに何ができるのか。赤ちゃんが無事に産まれてくるために、何が必要なのか。悲しみを忘れることなく、そのなかでも新たな目標を見つけ出して、少しずつ進んでいくことを心がけています。

Q ふだんの生活で気をつけていることはありますか？

患者さんや妊婦さんとの会話がはずむように、テレビ番組や音楽、流行している食べ物など、医療以外のことにも興味をもつようにしています。産科や婦人科は、人に見せるのは少しためらわれる、デリケートな部分の診察が多いので、患者さんとのコミュニケーションがとても大切です。だから患者さんがリラックスして診察に臨めるように、興味のはばを広げておくことが必要なんです。

また、1日の終わりには、自分がたずさわった治療や妊婦さんの状態について、必ずふりかえって考えるようにしています。わからないことはそのままにせず、資料を読んだり、先輩医師に聞いたりして勉強しています。

Q これからどんな仕事をしていきたいですか？

まずは、産婦人科医として一人前になることが目標です。具体的には、自分の意見をきちんともち、まわりのスタッフと声をかけ合って、つねに患者さんにとってベストな治療方針を選択できる医師になることです。そして、後輩への指導やアドバイスが的確にできて、チーム全体を引っ張ることができる医師になっていきたいです。

また、両親のような医師になることも大きな目標です。地元のために産婦人科医として働きながら、私や姉を育ててくれた両親を、私は心から尊敬しています。町でいろいろな人に、「うちの子、こんなに大きくなったんですよ」と、声をかけられているのを見て、子どものころからこの仕事の尊さを感じていました。

同じく産婦人科医である姉とともに、いつか実家の病院をついで、地域の医療に取り組みたいです。

患者さんの状態を、看護師さんと確認。スタッフどうしの連携が、患者さんにとって適切な治療を選ぶために欠かせない。

産婦人科医になるには……

まずは医科大学や大学の医学部を卒業し、医師国家試験に合格する必要があります。合格後、初期研修医として2年間、さまざまな診療科を経験すると医師として認められ、産婦人科を選択することで産婦人科医となります。その後専門医を目指すのであれば、3〜5年に渡る臨床研修※後、「日本産科婦人科学会」という機関が行っている試験に合格すると専門医として認められます。

大学（医学部・6年制） ➡ 医師国家試験に合格

初期研修医（2年）

産婦人科医（専攻医）

3年以上の臨床研修後、試験に合格 ➡ 産婦人科専門医

※ この本では、大学に短期大学もふくめています。

用語 ※ 臨床研修 ⇒ 医療現場で、実際に診察や治療をしながら学ぶ研修のこと。

Q この仕事をするには どんな力が必要ですか？

いちばん必要なのは、努力する力です。医師の仕事は、一生勉強です。努力なしに続けてはいけないと思っています。

次に必要なのは、人の話に耳をかたむけ、正確に理解する力です。医療は、多くの人との話し合いや、連携で成り立っています。患者さんや妊婦さん、ご家族の話をよく聞き、助産師や看護師、ほかの医師などと、情報を共有しながら処置を決めることが大切なのです。

それから、粘りづよさも必要です。わからないことをそのままにせず、納得するまで調べて知識や技術を増やすことが、医師としてのはばを広げることにつながると思っています。

ふだんから患者さんの話をよく聞き、日誌にまとめておく。後で読み返して患者さんの体調の変化を確認する。

柏崎さんの夢ルート

小学校 ▶ ニュースキャスター

家族でテレビのニュース番組を
毎朝観ていて、あこがれた。
両親に話すと、とても喜んでくれて
アナウンサーになるための本を買ってくれた。

▼

中学校・高校・大学 ▶ 医師

何科を専門にするかは決めていなかった。

▼

初期研修医 ▶ 産婦人科医

いろいろな診療科を経験し、
最終的に、産婦人科医を目指すことを決意。

Q 中学生のとき、 どんな子どもでしたか？

両親の仕事ぶりを見て、「お医者さんを目指そうかな」と考え始めたのが中学生のころでした。ただ、両親から強制されたことは一度もなく、「好きなことじゃないと続かないから、自分が興味をもてる仕事を選びなさい」と、ずっと言われていました。

人のいない図書館で勉強するのが好きで、学校には、いつも朝早くに行っていました。得意科目は、数学と理科で、とくに理科の実験が大好きでした。英語も得意で、電車での通学時間を利用して、よく単語の暗記をしていました。中学3年生の夏休みに、2週間の語学研修でスイスに行ったのがよい思い出です。

部活は「箏曲部」という、琴の演奏をする部活に入っていました。文化祭の演奏会に向けて、みんなで夢中になって練習したのを覚えています。

琴の演奏活動は、今も続けています。産科婦人科の学会で演奏したこともあるんですよ。

使っていた琴の楽譜と、琴爪。

文化祭で琴をひく柏崎さん。箏曲部では部長もつとめた。

中学生時代に仲のよかった友だちと柏崎さん（中央）。「ふたりとは、今も仲良くしています」

完全青覇

体育祭で巻いたハチマキ。青組と制覇をもじって、「完全青覇」と、みんなで書いた。

Q 中学のときの職場体験は、どこに行きましたか？

夏休みにボランティア活動の課題が出ていたので、学校に紹介してもらい、東京都中央区にある聖路加病院で、2日間看護師さんのお手伝いをしました。

シーツの交換をしたり、看護師さんが検査用にとった患者さんの血液を運んだりしたのを覚えています。

Q ボランティア活動ではどんな印象をもちましたか？

病院では、多くのスタッフが患者さんを支え、早く元気になって、笑顔で帰ってもらうように努力しているのだと、あらためて感じました。また、人のために働く人の姿は、かがやいて見えました。

ボランティア中、ある患者さんにドキドキしながら「入院生活はどうですか？」と、たずねてみたんです。すると、「病気や入院はつらいけれど、看護師さんたちが優しく接してくれて、いろいろ話しかけてくれるので、つらい治療もがんばれるのよ」という言葉が返ってきました。

この言葉は今でも頭に残っています。私も患者さんにこんなふうに思ってもらえるようになろうと、仕事をする上での信条にもなっています。

Q この仕事を目指すなら、今、何をすればいいですか？

医師は、とにかく勉強が必要です。中学生のうちから、学習する習慣をつけておくことは大切だと思います。

だからといって、勉強だけしていればよいわけではありません。大学に入って医学の勉強が本格的に始まると、まわりは医療の話ばかりになり、視野がどんどんせまくなっていきます。これでは、妊婦さんや患者さんたちとうまくコミュニケーションがとれなくなってしまいます。ですから、時間のある中学生時代にいろいろなことを経験しておいてください。読書や映画鑑賞、旅行などを楽しみながら、教養を身につけておくとよいと思います。

新しい命の誕生に立ち会うことができる幸せな仕事です

－ 今できること －

ふだんの暮らし

産婦人科医は、女性特有の病気と向き合い、出産をひかえて不安をかかえる妊婦さんに寄りそう仕事です。人の痛みやつらさ、苦しさを受け止め、わかろうとする気持ちを育みましょう。困っている人や悩んでいる人には寄りそい、その人にとってうれしいことは何か考えましょう。自分の意見を押しつけてはいけません。

また、産婦人科医は、医師のなかでもいそがしい仕事といわれています。規則正しい生活を心がけ、運動もして基礎体力をつけておきましょう。

 社会
少子高齢化が進む日本で、地域における病院の役割や医師のあり方を考えることは大切です。都市と地方がかかえる問題や、課題について学びましょう。

 理科
中学の理科で習う生物の体の内容は、将来、人間の体の仕組みを理解するための基礎となります。

 保健
健康に暮らすために必要なことや、心身の発達について基本的なことを知りましょう。なかでも、生殖機能の発達についてはしっかり理解しておく必要があります。

 英語
最先端の医療は世界中で研究され、研究結果をまとめた論文は、英語で書かれています。英語の本を読むことに挑戦して読解力をつけ、語彙数を増やしましょう。

ベビーカー開発

Stroller Developer

コンビ
坂 友香さん
（ばん ゆうか）
入社5年目 26歳（さい）

> 赤ちゃんを
> 安全で快適（かいてき）に運ぶ
> ベビーカーをつくります

ベビーカーは、まだ歩けない赤ちゃんや、小さい子どもをのせて運ぶ乗り物です。だっこをし続けなくてすむため、大人にとっては強い味方です。ベビー用品メーカーのコンビで、ベビーカーの開発にたずさわる、坂友香（ばんゆうか）さんにお話をうかがいました。

Q ベビーカー開発とは どんな仕事ですか？

ベビーカーの新製品がお店に並ぶまでには、たくさんの人が関わっています。新しいベビーカーのアイデアを考えて製作計画を立てる人、設計をする人、組み立てる人、安全性を確認する人、宣伝する人、販売する人などです。

私は新しいベビーカーのアイデアを考えて製作計画を立てる「開発」といわれる仕事をしています。

新しいベビーカーを考えるときは、これまでの製品の売れ行きを調べたり、アンケート調査や実際に製品を売っているお店で、お客さんや販売員の意見を聞いたりしています。赤ちゃんが使うものなので、安全でのり心地がよいことは絶対に外せない条件ですが、便利な機能とデザインも重要です。どんなベビーカーをつくるかアイデアがまとまったら、会社の会議で発表するための企画書を作成します。

会議で発表した新しいベビーカーの企画が認められると、次は設計担当やデザイン担当の人などとチームを組み、試作品の製作にとりかかります。企画を出した責任者としてチームをまとめるのも私の仕事です。

できあがった試作品は、安全性やデザインなどを入念にチェックし、何度もつくり直します。そしてこれなら自信をもって販売できるという試作品になると、工場で量産するための準備を行い、完成となります。

「新製品のベビーカーは、企画を考えてから完成するまで、約1年半から3年かかるんですよ」と話す坂さん。「子育てを楽しめるように、デザインにもこだわっています」

Q どんなところが やりがいなのですか？

街で、自分が担当したベビーカーを使っている人を見かけると、「暮らしに必要とされる仕事をしているんだな」と、やりがいを感じます。

また、ベビーカーの場合、新製品の完成までには1年半〜3年ほどかかりますが、試作品のできあがりが、ひとつの区切りとなります。そのため、試作品ができてくるとチーム全員の気持ちが高まります。試作品をチェックし、問題点をひとつひとつ洗いだして解決し、ついに完成品ができあがったときのうれしさは、言葉では言い表せません。この気持ちをいっしょにがんばってきたチームのメンバーと共有できるのも、この仕事の大きなやりがいです。

チームのメンバーと試作品をチェック。安全性に問題がないかの確認はとくに気をつけて行う。

坂さんのある1日

08:45 出社。メールをチェックする
▼
09:00 朝礼で、試作品の進み具合を報告
▼
09:30 資料の作成。試作品で改良したいところをまとめた資料をつくる
▼
12:00 ランチ
▼
13:00 会社と提携している保育園に行き、試作品を実際に使ってもらい、感想や意見を聞く
▼
16:00 会社にもどり、聞いた内容をまとめる
▼
16:30 まとめた資料をもとに、チームメンバーと打ち合わせ
▼
17:30 明日の予定を確認して、退社

Q 仕事をする上で、大事にしていることは何ですか？

やりたいことをあきらめないことです。製作を進めると、技術的に難しいことや、必要な材料が期限までにそろわないなど、さまざまな問題にぶつかります。しかし、そこであきらめるのではなく、実現させるための方法を何とか見つけ出すようにしています。

また、仕事には優先順位をつけることも大事です。今日やらなければいけないことを、順番に書き出して机にはり、終わったらチェックをつけます。こうすると仕事の効率が上がりますし、うっかり忘れてしまうこともなくなります。

ほかには、ひとつひとつの判断に責任をもつことも大事にしています。判断に迷ったときは、ほかの人の意見をよく聞いた上で、自分が本当に納得できる決断を下すようにしています。自信をもって決断するためには、自分の知識を増やす勉強を続けることも大切です。

新商品の企画を会議で発表する坂さん。意見を出し合いながらよりよいベビーカーを考える。

Q なぜこの仕事を目指したのですか？

幼いころから絵を描くことが好きで、高校3年生までずっと絵画教室に通っていたので、将来は美術やデザインに関わる仕事をしたいと思っていました。でも、実際にどんな職業があるのかよくわからず、視野を広げるため、デザイン学部のある大学に進学しました。

大学3年生のとき、さまざまな製品の発案から完成までをひと通り行う授業やインターンシップ※1を経験しました。そして、「こんなふうに、ものづくりのすべての段階に関わる仕事がしたい」と思うようになりました。当時、ベビー用品にはあまりふれたことがありませんでしたが、就職活動中に、コンビの企画開発は製品の企画から完成までたずさわれると知り、この会社に入ることを決めました。

新しい製品を考える坂さん。「イメージするかたちを絵に描いて、企画書にのせることもあるんですよ」

Q 今までにどんな仕事をしましたか？

初めてたずさわったのは、すでに発売されているベビーカーを見直して、よりよい製品に改良する仕事でした。仕事の進め方を学んだ時期でもあります。

自分らしい仕事ができるようになったと感じたのは、私が担当した新製品のベビーカー「AttO」が発売されたころからです。片手でも押せる軽さや、段差があるところも楽にのりこえて赤ちゃんに負担をかけないつくりにこだわりました。また、レストランに行ったとき、赤ちゃんをベビーカーから降ろさなくても、ベビーカーがいすの代わりになるように座席の高さを高くしました。お世話をする、大人の負担を減らすことも大切だと考えたからです。

これは、改良品のベビーカー。赤ちゃんが雨にぬれるのを防ぐため、日差しよけのほろを雨に強い素材にし、足元までおおう機能をつけた。

坂さんが手がけ、2019年度のグッドデザイン賞※2を受賞した「AttO」。自分が使う立場だったらと考え、ほしい機能をつめこんだ。

用語 ※1 インターンシップ ⇒ 就職前の学生が、職場や仕事のようすを知るために、給料をもらわず一定期間働くことができる制度。
※2 グッドデザイン賞 ⇒ 暮らしや社会をよりよくデザインするものやサービス、活動などにおくられる賞。

Q 仕事をする上で、難しいと感じる部分はどこですか？

開発責任者として、決断する難しさを日々感じています。部品ひとつを決めるにも、各担当の意見を聞いた上で、安全性に問題はないか、価格が高くなりすぎないかなど、全体を考えて決断しなくてはいけません。

悩んだときは、客観的に状況を見るようにしています。最優先にしたいことは何なのか考えたり、判断材料となる情報を集めたりするうちに、答えが見つかることが多いです。

・メジャー・

・参考書・

PICKUP ITEM

参考書は赤ちゃんの体のサイズが記された図鑑。ベビーカーに座ったときの頭や足の位置など、細かいサイズを考えるときに見る。メジャーは、試作品のサイズ確認に使用。新製品のアイデアにつながりそうなものを見つけたら、カメラで撮るか、手帳にメモをとる。手帳には日々の予定も書いている。

・カメラと手帳・

Q ふだんの生活で気をつけていることはありますか？

ベビーカーを買うお客さんでもっとも多い年代は、20代半ばくらいから30代半ばくらいの人たちです。魅力的な製品をつくるには、この年代の人たちが、今何に興味があるのか、どんな場所によく行くのかなど知っておくことが重要です。また、近年は育児に積極的に参加する男性が増えている点も意識しています。そのため、赤ちゃんとは関係ない雑誌もチェックし、SNS※を使って世の中の動きやヒット商品などの情報を集めるようにしています。

また、子育て中の友だちに、ベビー用品について思うことを聞いてみたり、ベビー用品店に行って、お客さんがどんなふうに商品を選ぶのかを観察したりすることもあります。

Q これからどんな仕事をしていきたいですか？

この仕事をするまで、赤ちゃんと関わることがなかったので、初めは自分にベビーカーがつくれるのか不安でした。

でも、今ではこの仕事がおもしろくてたまりません。ベビーカーには部品が300点以上もあって、自分のアイデア次第でさまざまなかたちのものをつくることができるんです。コンビではさまざまなベビー用品をあつかっていますが、私はもう少しベビーカーの製品開発に関わっていきたいと思っています。

そして、赤ちゃんとの暮らしがより楽しくなるお手伝いができるような、長く愛してもらえる製品をつくりたいです。

ベビーカー開発に関わるには……

ベビーカーをつくっているのは、多くの場合、ベビー用品メーカーです。ベビー用品には、ベビー服やベビーベッド、ほ乳びんなどさまざまな種類がありますが、ベビーカーの開発部門に配属されるためには、機械の設計や工業デザインなどの知識があると有利な場合があります。高校卒業後は工学部やデザイン学部などがある大学や、専門学校で学んでおくと役に立ちます。

```
高校
  ↓
大学・専門学校
  ↓
ベビー用品メーカーに就職
  ↓
開発部門に配属
```

用語　※ SNS ⇒ ソーシャル・ネットワーキング・サービスの略。インターネット上で、人と人とが写真や文章などの情報をやりとりする。代表的なサービスに、Instagram、Twitter、LINE、TikTok がある。

Q この仕事をするには どんな力が必要ですか？

実用的なところだと、デザインの基本的な知識は必要です。新しいベビーカーを考えるときや、設計やデザインの担当者と相談するときに、知識があると助かります。

ほかには、自分の考えをきちんともって話ができることや、チームのメンバーを思いやる気持ち、目標達成のためにあきらめない粘りづよさ、スケジュールの管理力などが必要だと思います。

設計の担当者に、改良したいところを相談。「知識がないと、相手のよい意見も理解できないので、日々勉強しています」

坂さんの夢ルート

小学校 ▶ イラストレーター

絵を描くことが好きで
知っている職業がこれだけだった。

▼

中学校 ▶ グランドスタッフ

空港でさっそうと働く姿にあこがれた。

▼

高校 ▶ 得意な絵を活かせる仕事

やはり絵が好きで、美術やデザインに関連する
仕事に就きたいと思うようになった。

▼

大学 ▶ デザイナー

グラフィックデザイナーやプロダクトデザイナー
など、デザインする仕事に興味をもった。

Q 中学生のとき、 どんな子どもでしたか？

いそがしい中学生だったと思います。学校では吹奏楽部に入っていて、練習に一生懸命でした。そのほかに、習い事もしていて、ピアノや絵画教室に通ってました。

さらに、何かをデザインすることが好きで、空いた時間があると、好きな歌手のCDジャケットを自分流にデザインしたり、年末には年賀状のデザインを考えたりしていました。

でも、当時の私がなりたかった職業は、デザインや絵の仕事でなく、空港で搭乗手続きなどをする、グランドスタッフだったんです。はなやかな姿がすてきに見え、あこがれました。

勉強もがんばっていた方だと思います。高校受験のために塾にも通っていて、土曜日や日曜日も勉強していました。典型的な文系で数学は大の苦手でしたが、英語は得意な方でした。

吹奏楽部では打楽器を担当。スティックの先がけずれてしまうほど練習した。ピンクのスティックケースは、自分でつくったもの。

デザインすることが好きだった坂さんは、お気に入りのCDジャケットも自分流にアレンジ。体育祭では応援旗のデザインも考えた。

Q 中学のときの職場体験は、どこに行きましたか？

私の学校では、当時、職場体験はありませんでした。その代わりに、クレペリン検査※を受けて自分に向いている職業を知る授業がありました。

当時の私は、空港で働くグランドスタッフにあこがれていましたが、検査を受けてみると、美術系など感性を活かした職業にも適性があるということがわかりました。

Q クレペリン検査を受け、どんなことがわかりましたか？

検査をきっかけに、好きなことや、得意なことを追求するのも、仕事のあり方のひとつなんだと知りました。そして、自分の進路にも関心をもつようになり、絵画やデザインに関する仕事を調べるようになりました。

私の場合は、絵画、デザイン、音楽が好きで積極的にふれていました。また、自分の考えを自分の言葉で伝えたいと思う性格が、自分の強みになるかもしれないと思いました。今思うと、どんな仕事を選ぶにしても、このふたつを活かせる職業にしようと考えるようになっていたかもしれません。

新しい製品を考え、コミュニケーションをとりながらチームをまとめていく今の仕事にはぴったりだったと思います。

Q この仕事を目指すなら、今、何をすればいいですか？

テスト前には、勉強の日程計画を立て、すべきことをリストにし、優先順位を決めて取り組む習慣をつけるとよいと思います。そして、「もう間に合わない」と思っても、あきらめずに最後までやりぬく努力をしてください。どちらも製品の開発者になくてはならない力です。私の中学生時代は、部活や習い事でいそがしかったですが、スケジュール管理の力や、粘りづよさは、これで身についたと思います。

また、やりたいことがあったら、できないかもと考えず、まずは挑戦してください。道を探りながら、一歩一歩進む経験は、製品完成までに経験する道のりと似ているからです。

ベビーカーで、子育てをがんばっている人々を応援します！

－ 今できること －

ふだんの暮らし

ベビーカーは、ベビーカーにのる赤ちゃんの立場と、ベビーカーを押す大人の立場の両方から考えて使いやすく、安全なものでなければいけません。街でベビーカーを見かけたら赤ちゃんと大人の両方を見て、快適に使えているか、不便を感じているようすはないかなどに注目してみましょう。もし困っているようであれば、何に困っているのか考え、場合によっては声をかけ手伝いを申し出る勇気ももちましょう。手伝うなかで、便利な機能につながるアイデアが思い浮かぶかもしれません。

国語
自分の考えを整理してまとめ、文章や言葉でほかの人にもわかるように表現できる力を養いましょう。

社会
公民の分野で経済の基本的な仕組みを勉強し、日本人の消費行動パターンを学びましょう。少子高齢化問題について理解しておくことも大切です。

理科
ベビーカーの開発は、車輪のついた乗り物を開発するということです。仕事とエネルギーの授業で学ぶことが、車体や車輪のかたちを考える際の基礎になってきます。

美術
新商品のデザインを考える上で、かたちや色彩による表現方法の基礎的知識は必要です。材料の特性を活かし、自分の感性を表現する技能を習得しましょう。

用語　※ クレペリン検査 ⇒ 一桁の足し算をくりかえすことで、仕事における能力面と、性格や行動面の特徴を診断し、職種の適性を測る検査。

液体ミルク開発

Ready to Feed Formula Developer

江崎グリコ
田鹿 結さん
入社4年目 31歳

赤ちゃんに必要な
栄養がぎゅっと
つまった液体ミルクを
つくります

お湯や水を加える必要がなく、ほ乳びんに入れてすぐに赤ちゃんに飲ませることができる液体ミルクは、災害時や育児が大変なときなどに役立つ商品です。江崎グリコで日本初の液体ミルク開発にたずさわった、田鹿結さんにお話をうかがいました。

Q 液体ミルク開発とは どんな仕事ですか？

液体ミルクとは、栄養が調整されている液体状のミルクです。ほ乳びんに移しかえてそのまま赤ちゃんに飲ませることができます。日本で乳児用液体ミルクが製造・販売できるようになったのは、2018年からです。それまで日本で売られていたのは、粉ミルクだけでした。

私が液体ミルクをつくるために初めにしたことは、液体ミルクをつくる技術が進んでいる海外の資料を読んだり、実際に海外に行って、液体ミルクが使われているようすを見たりすることでした。海外ではスーパーマーケットでふつうに売られています。日本でもこの光景が当たり前になり、子育てに役立つようになってほしいと改めて思いました。

赤ちゃんに必要な栄養素は、国が定めているだけでも30種類ほどあります。それをバランスよくとれるようにつくるのは、簡単なことではありませんでした。また、紙パックにつめて長期保存させるという難しい問題もありました。いろいろな原料の組み合わせを試し、研究を重ねました。そうしてようやく液体ミルクが完成し、日本初の液体ミルクとして製品化されました。

今も、液体ミルクをもっとよいものにするため、材料や栄養の研究を続けています。品質に問題がないことを確認する保存試験も続けていて、いろいろな条件で保存した液体ミルクの栄養を分析したり、味や色を評価したりしています。

日本初の液体ミルク。手軽で、持ち運びができることから利用者が増えている。

液体ミルクを長期保存した場合の試飲テスト。研究員のみんなで実際に飲んで確認している。

Q どんなところが やりがいなのですか？

自分の開発した商品が、赤ちゃんを育てる人の役に立っていると感じられるところです。

日本の赤ちゃんの栄養はこれまで、母乳かお湯で溶く粉ミルクであたえるしかありませんでした。粉ミルクだと、母乳が出なくて困っているお母さんは、毎回、調理器具を使ってつくらなければならず大変です。また、水の確保やお湯をわかすことが難しい災害時などでは使えません。

こうした課題を解決するのが、液体ミルクです。お母さんだけでなく、子育てに関わるすべての人たちの大きな助けとなる商品の開発にたずさわれるのは、とてもやりがいがあります。生まれたばかりの赤ちゃんがいる男性の友だちが、「これが自分にとっての母乳だね」と言ってくれたとき、思い描いていたことが叶ったなと感じました。

また、利用した人からは「粉ミルクを溶くのが負担だったので、助かった」と言ってもらいました。ほかにも、「失敗がなく、安心してミルクをあげられるので、お父さんの育児参加率が上がった」とか、「祖父母に子どもを預けやすくなった」などの声があり、涙が出るくらいうれしかったです。

田鹿さんのある1日

08:45	出社。メールのチェック
11:00	実験の準備のために原材料を量り、機械の確認をしておく
12:00	ランチ
13:00	実験開始。いろいろな原材料を混ぜ合わせ、殺菌処理をして、試作品をつくる
15:00	試験でつくって保存していたものの品質の評価をする
16:00	原料の配合を記録したり、栄養成分を比較したりして、実験の結果をまとめる
17:30	退社

Q 仕事をする上で、大事にしていることは何ですか?

今つくろうとしているものはどんな人の役に立つのか、どんな悩みを解決できるのか、自分はなぜこの仕事をしているのかを考えることを大事にしています。

液体ミルクの開発では、液体ミルクは、母乳が出なくて困っている人や、粉ミルクが利用できない環境にいて困っている人の役に立てるような商品にすることをつねに意識していました。液体ミルクの発売によって、赤ちゃんと赤ちゃんを見守る人みんなを幸せにしたい。そう考えて仕事をしています。

Q なぜこの仕事を目指したのですか?

大学生になってひとり暮らしを始め、食べることの大切さを感じるようになったのがきっかけです。留学生と知り合って外国の食文化に関心をもったこともあり、食品の商品開発の仕事に就きたいと考えるようになりました。

大学を卒業後、江崎グリコとは別の会社で食品開発の仕事に就いたのですが、部署異動があり、開発の仕事ができなくなってしまいました。そのため転職を考えるようになり、江崎グリコに入社を決めました。「おいしさと健康」を実現できる食品の開発にたずさわりたいと思ったからです。

ちょうどそのころ、海外には液体ミルクというものがあるとニュースで知りました。友だちが子育てを始める時期だったこともあって、興味をもったんです。「液体ミルクがあったら子育てが楽になるのに、なぜ日本にはないのだろう」と不思議に思い、つくってみたいとも思っていました。

そんなところへ、偶然にも江崎グリコで液体ミルクの開発が始まり、担当することになったのです。

開発初期の時期に入社し、念願の液体ミルクの開発にたずさわることができた。

Q 今までにどんな仕事をしましたか?

最初の会社では飲料の開発を行っていました。その後、販売の方法を考えるマーケティング部や、広告デザイン部など、開発以外のさまざまな仕事を経験しました。

江崎グリコに移ってからは、ずっと液体ミルクの開発にたずさわっています。そして今は液体ミルクをさらによい商品にするための研究をしています。お客さんに商品を正しく使ってもらうためにはどうしたらよいのかといったことも、ほかの部署の人といっしょに考えています。

液体ミルクの研究を行う開発室では、栄養素の種類や、実際に工場でつくれるかなども細かくチェックする。

Q 仕事をする上で、難しいと感じる部分はどこですか?

商品の開発は、たくさんの人の協力がなければできません。関わる人みんなが理解し合いながらひとつのものをつくっていくことがいちばん大切です。しかし、それがいちばん難しいことだとも感じています。

液体ミルクは、栄養素が必要な量より少なくても多くても、赤ちゃんの成長に影響が出てしまいます。そのため、工場の人に協力してもらい、実際に機械で生産してみて、国で定められた通りの栄養成分になっているか、テストを何度もくりかえしました。

初めは工場の人も、どんなテストをするのか、苦労してつくる意味はあるのかといった不安や疑問があったと思います。そうした気持ちを取り除くために、開発室で研究と実験をくりかえしたこと、海外の液体ミルクの文化を勉強し、液体ミルクが子育てになくてはならないものだとわかったことを、ていねいに説明しました。工場の方の疑問や課題を解決するための打ち合わせを重ね、「日本初の液体ミルクで日本の育児を変えたい」という思いを示したんです。その熱意が工場の人にも伝わって、いっしょに開発を進めていくことが決まったときは、とてもうれしかったです。

Q ふだんの生活で気をつけているこ とはありますか？

　仕事をするときとしないときで、メリハリをつけることを意識しています。私は、実験の報告書をまとめるような、ひとりで集中したい作業のときには、家で仕事をすることもあります。どんな場所で仕事をしていても、集中するときとリラックスするときをしっかり分けることで、頭がさえて仕事が効率的に進められるんです。

　でも、仕事以外の時間で気づいたことが、後で仕事に活きることもよくあります。ショッピングモールで目にした子ども連れのお母さんの行動が仕事のヒントになったこともありました。資料を見ていても気がつかない発見ができるので、外出したりしっかり休んだりすることは大切です。

「仕事にはメリハリが必要」と田鹿さん。仕事で試作をしているときの真剣な表情から一転、休憩時間は、すべてを忘れてリフレッシュ。

Q これからどんな仕事をしていきたいですか？

　「やせたい」という願望のある女性のために、ヘルシーでも栄養がとれるような食品をつくりたいと思っています。

　液体ミルクの研究で子どもの栄養について勉強していると、若い女性の栄養不足が、生まれてくる子どもの栄養に深刻なダメージをあたえているという研究結果が目につくようになりました。しかし、やせたいと思っている女性に「体にいいからもっと食べなよ」と言っても、なかなかたくさん食べてはくれません。

　栄養をきちんととってもらうにはどうしたらよいのか。新しい食品で解決できないものか。今はそれを考えています。そしていずれは、若い女性だけでなく、全世代の人それぞれに「おいしさと健康」を届けられるような食品をつくりたいです。

● バインダー ●

PICKUP ITEM

バインダーは、実験のデータをメモしたり参考資料を保管するのに使用。外出の際、パソコンを持っていけるようにふだんからカバンは大きめのデイパック。

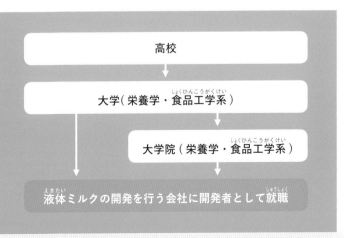

● デイパック ●

液体ミルク開発に関わるには……

　液体ミルクの多くは、ベビー食品をあつかう食品メーカーで開発されています。開発者として食品メーカーに採用されるには、食品加工技術や食品栄養の知識や、植物の品種改良や発酵といったバイオテクノロジーの知識があると有利です。大学や大学院で専門知識を身につけ、「食」と結びつけた研究を行っておくと、会社に入ってからも役立つでしょう。

```
高校
  ↓
大学（栄養学・食品工学系）
  ↓
大学院（栄養学・食品工学系）
  ↓
液体ミルクの開発を行う会社に開発者として就職
```

Q この仕事をするには どんな力が必要ですか？

専門的な知識や技術が欠かせませんが、それと同じくらい、課題を見つけ、解決する力も大切です。

ふだんの生活や勉強でも、「なぜだろう？」と不思議に思うことはいっぱいあると思います。その疑問をそのままにせず、調べたり、だれかに聞いてみたりしてください。そして、わかったことをほかの人に伝えてみてください。すると相手が、さらに思いがけない質問を投げかけてくることがあります。それをまた調べることで、より知識が深まり、新しい気づきを得ることができるはずです。商品開発では、そんな地道な努力の積み重ねが重要です。

田鹿さんの夢ルート

小学校 ▶ マンガ家・動物園の仕事

マンガを描くと友だちが喜んでくれるのがうれしくてマンガ家になりたいと思った。また、大好きな動物といられる動物園の仕事にもあこがれた。

▼

中学校 ▶ 獣医

大好きな動物のために、役に立てる仕事だと思った。

▼

高校 ▶ 自然を保護する仕事

獣医になるためには解剖があると知ってあきらめ、動物が暮らす自然を守る仕事に興味をもった。

▼

大学 ▶ ものづくりや食品開発の仕事

ものづくりで人の役に立ちたいと思った。また、ひとり暮らしを始めて食べることの大切さを感じ、食品開発の仕事をしたいと思った。

Q 中学生のとき、どんな子どもでしたか？

勉強は大好きでした。親から勉強しろと言われたことはありません。言われるとやりたくなくなる性格なのを、親は見ぬいていたのかもしれませんね。

仲のよい友だちとは、毎回テストの点数を競い合っていました。「不得意な社会の点数で負けてしまっても、得意な数学で勝っているから、総合得点で勝負！」のように、ゲームに近い感覚だったと思います。そのおかげで、好きな教科は力を入れて勉強できましたし、不得意な教科の勉強もがんばろうと思えました。

部活はソフトテニス部に入っていました。中学からテニスを始める人が多かったので、みんなでいっしょに上達していくのが楽しくて、夢中になりました。

また、動物が好きで、将来は獣医になりたいと思っていました。でも、近所の公民館で開催された牛の眼の解剖のイベントに参加したとき、血を見ることが苦手だと気づき、あきらめました。

人と同じことをやるのが好きではなく、自分がこうありたいと思う方向に一直線なところは、中学生時代から変わっていないと思います。

中学3年生のときの運動会の写真。リレーの選手に選ばれ、活躍した。

中学生になったら吹奏楽部に入ろうと思っていたが、なかったため、ソフトテニス部を選択。「結果的にとっても楽しい3年間でした」

Q 中学のときの職場体験は、どこに行きましたか？

職場体験は、動物病院でした。担任の先生が、生徒それぞれの将来の夢にできるだけ近い仕事が体験できる場所を探してくれました。ほかにも獣医になりたい子がいたので、3人で行きました。また、ボランティア活動として、個人的に保育園へも行きました。

Q 職場体験ではどんな印象をもちましたか？

動物病院では、待合室のかたづけを手伝いました。働きながら、どうしたら獣医になれるのか病院の人に話を聞き、専門的な勉強をしないとなれない仕事なのだと知りました。これをきっかけに、勉強する意味や目標を考えるようになったと思います。

保育園へは、子どもと遊ぶだけという軽い気持ちで行ったのですが、本当に大変で、部活の練習よりも疲れました。また、お絵かきの時間に保育士さんが、子どもの絵を見てほめた、そのほめ方におどろきました。私には何が描いてあるかわからない絵でも、保育士さんは子どもが選んだ色をほめていたり、描きたかったものに気づいていたりしたんです。机の上の勉強だけでは身につかない仕事だと思いました。

Q この仕事を目指すなら、今、何をすればいいですか？

ふだん接しない人と会う機会を大切にして、さまざまな考え方にふれてください。会って話をすると、その人の気持ちや考え方がよくわかります。自分にない新しいものの見方に気がつけると、人生の選択肢が広がります。理解できないと思う意見も、なぜこの人はそう考えるのかと考えてみると、おもしろい気づきがあるかもしれません。

また、だれかに言われたことではなく、自分のやりたいことを見つけてやってください。やりたいことが見つからない人も、何かやりたくなったときに困らないように、勉強も遊びもたくさん経験しておくとよいと思います。

液体ミルクで子育ての現場を変えられる。そう信じて日々開発しています

－ 今できること －

ふだんの暮らし

まずは、自分の食生活を見直すことから始めてみましょう。1日3回、規則正しく食事をしているか、必要な栄養素はとれているか思い返してください。足りない栄養素があれば、何で補えるか調べてみるとよいでしょう。

また、お店でベビー食品が置いてあるコーナーをチェックしてみてください。液体ミルクや粉ミルク、ミルクを卒業した赤ちゃんが食べる離乳食の種類を見て、自分が利用するならどれを買いたいか、考えましょう。

社会 少子化問題について学び、子育ては社会全体で行わなければならないことを理解しましょう。そのなかで、液体ミルクやベビー食品の役割を考えましょう。

理科 開発の仕事は、研究と実験のくりかえしです。授業で行うさまざまな実験を通して課題を見つけ、目的意識をもち、結果を分析する力を養いましょう。

保健 心身がどのように発達するのか学んで、食品や運動の大切さを理解しましょう。

家庭科 健康を保つのに、どんな栄養が必要なのか学びましょう。また、栄養バランスのよい献立を自分で考えて、つくってみるとよいでしょう。

プレイリーダー

Play Leader

ボーネルンド
鈴木洋滋さん
入社7年目 28歳

いっしょに遊んで
子どもの心と体の
成長を助けます

プレイリーダーは、子どもたちと遊びながら、その能力を引き出す専門家です。ボーネルンドが運営する室内施設の遊び場「キドキド」の店長で、プレイリーダーをつとめている、鈴木洋滋さんにお話をうかがいました。

Q プレイリーダーとはどんな仕事ですか？

プレイリーダーは子どもの発達や成長と遊びの関係について専門の勉強をし、いっしょに遊びながら子どもの好奇心を引き出す「遊びのプロ」です。子どもたちに声をかけたり、遊具の使い方を伝えたりしながら、子どもたちが安全に楽しく、思いっきり遊べるようにするのが役目です。おもに、各地域にある児童施設や保育園、幼稚園、またショッピングモールなどにある子ども向けの遊び場で働いています。

私は、世界の知育玩具を輸入して販売するボーネルンドという会社が運営している、室内遊び場「キドキド」でプレイリーダーをつとめています。キドキドは、生後6か月〜12歳までの子どもたちがいっしょに遊ぶことのできる場所です。トランポリンやボールプール、すべり台などが置いてあり、子どもたちはさまざまな遊具を使って自由に遊ぶことができます。

置いてある遊具は、ボーネルンドが世界中から探してきた、子どもの発達によいものばかりです。その遊具を、子どもたちが安全に使えるように置く場所を考えたり、こわれていないか確認したりするのも仕事です。もっとよい遊具があるとわかれば、検討して変更することもあります。

また、店長としてお店で行うイベントを考えたり、ほかのスタッフに仕事のやり方を教えたりもします。そのほか、お店に来たお客さんの案内やレジ係なども行っています。

鈴木さんが働く神奈川県横浜市にある「キドキド」店内のようす。横には知育玩具を販売するコーナーもある。

Q どんなところがやりがいなのですか？

自分がつくった遊び場によって、子どもと子どもの家族を笑顔にできること、そして、その子の成長の瞬間に立ち会えることにやりがいを感じます

プレイリーダーは、子どもたちとふれあいながら、ひとりひとりの発達に合わせて、さまざまな遊びを働きかけています。例えば、大きな遊具を使った体遊びでは、「あそこまで行けるかな」と目標を設定し、チャレンジ精神をくすぐります。すると子どもたちは夢中になって挑戦し、そこまで行くことができると、「やったー！できたよ！」と、笑顔を見せてくれます。喜ぶ姿を本人やご家族と「すごいね！」と分かち合えたときは、本当にうれしくなります。

子どもの能力はさまざま。「その子に合わせた目標を設定してあげるのが、プレイリーダーとしての腕の見せどころです」

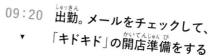

鈴木さんのある1日

09:20	出勤。メールをチェックして、「キドキド」の開店準備をする
09:30	朝礼
10:00	開店。お店でお客さんの対応
12:00	ランチ
13:00	会議のため、本社へ行く
14:00	会議。「キドキド」に設置する、新しい遊具について話し合う
16:00	お店にもどってお客さんの対応
17:00	お店で行うイベントの計画を立てる
18:30	退勤

Q 仕事をする上で、大事にしていることは何ですか？

プレイリーダーとしての自分自身の成長です。知識や経験が増えれば、より質の高い遊びを子どもたちに提供できるからです。そのために、ほかの会社が運営する子ども向けの遊び場に行ってみたり、どんな遊びが今の子どもたちに足りていないかを調べたりしています。

店長として心がけていることはふたつあります。まず、お客さんの立場で考え、行動することです。例えばベビーカーを押しているお客さんが来たらドアを開けたり、荷物を運んだりなど、率先して手伝います。いそがしいと、ついやらなくなってしまうので、気をつけるようにしています。

次に、スタッフが楽しく働けるお店をつくることです。お客さんにサービスを提供するのはスタッフたちです。責任感やチームワークを大切にし、スタッフのだれかが不安そうにしていたり、疲れた表情をしていたりするときは、おたがいに助け合うようにしています。

「子どもたちにとって、遊び場で思いきり体を動かすのは大切なこと。それを理解してくれる大人を増やすのも、ぼくの仕事です」と鈴木さん。

Q なぜこの仕事を目指したのですか？

ボーネルンドに入社しようと決めたのは、「遊びを通して子どもの健やかな成長に貢献する」という、会社の考え方に共感したからです。

ぼくは母子家庭で育ったのですが、いそがしそうな母の顔を見るたびに、「お母さんに笑顔になってもらいたい」と、子ども心に感じていました。そのため、親子が楽しく過ごしている姿にあこがれがあり、親子の笑顔をつくる仕事がしたいと思っていたのです。プレイリーダーという仕事は、そんな自分に合っていると思います。

Q 今までにどんな仕事をしましたか？

入社してすぐに、ショッピングモールに「キドキド」の店舗をつくる計画を立てたり、幼稚園や保育園などに、ボーネルンドがあつかう遊び道具を紹介する営業の仕事を経験しました。また、プレイリーダーとしての研修も1年目に受けました。

2年目には、「キドキド」の店長をまかされることになりました。店長といっても、ベテランのスタッフに知識や経験ではかないません。年下のぼくが年上のスタッフをまとめ、お店を引っ張っていかなければならないことにとても悩みました。考えてたどりついた答えは、「店長という立場を意識しないで、わからないことはほかの人にも頼ろう」というものでした。足りないところをカバーし合うことで、ひとつのチームになればいいんだと気づいたんです。ぼくも自分にできることは、雑用でも何でもやりました。

3年目からは店長としての仕事のほかに、保育園や幼稚園でボーネルンドの遊び道具を使ったイベントの企画をしたり、全国の「キドキド」に新しく設置する遊具をどれにするか決めたりする仕事もしています。

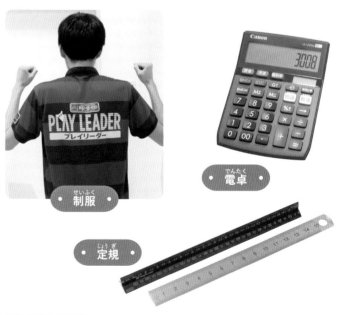

制服

電卓

定規

PICKUP ITEM

制服の背中には「PLAY LEADER」の文字が入っている。プレイリーダーとして専門知識をもっている証。定規は、新しい遊具を設置するときに、子どもの安全を考え、となりにある遊具との間隔を確かめるときに使う。電卓を使って遊具との間隔を計算することもある。

Q 仕事をする上で、難しいと感じる部分はどこですか？

子どもにとってよいと思った遊びを、子どもたちが楽しいと思えるように、プレイリーダーとしてどう伝えるか考えるときに難しさを感じます。

以前、会社の研修旅行でアメリカに行き、子どものための博物館を見学したことがありました。このとき、色やかたちを想像しながら、感じたことを自由に伝える「表現遊び」というのを学びました。ぼくは、子どもの感性や創造性を育てるにはとてもよいと感じ、日本にもどってすぐに「キドキド」に取り入れました。ところが、子どもたちはどうやってあそべばよいのかわからず、人気が出なかったんです。

いろいろと考えた結果、ぼくは表現遊びを体験するワークショップ※やイベントをお店で行うことにしました。保護者やプレイリーダーといっしょに作品づくりができる機会を増やしたんです。すると、少しずつ表現遊びの楽しさが伝わっていき、今では大人気コーナーになっています。

研修で行ったアメリカで、さまざまな遊びを学んだ鈴木さん（写真右）。

Q ふだんの生活で気をつけていることはありますか？

ものごとを客観的に見るようにしています。自分の目線だけで考えると、視野がとてもせまくなってしまいます。でも、他人の立場に立って観察すると、見え方がまったく変わり、新しい発想が生まれてくるんです。

また、いろいろな方向からものごとを見ることができれば、家族や友だちの求めていることが理解でき、コミュニケーションもうまくとれます。仕事だけでなく、学校生活でも役に立つと思いますよ。

Q これからどんな仕事をしていきたいですか？

子どもの能力をのばし、自由に楽しめる遊びの場をもっと増やしていきたいと思っています。

幼児期に楽しく遊び、くりかえし体を動かすことは、心と頭脳の発達にもつながります。プレイリーダーとして「キドキド」で子どもたちと直接ふれ合うようになってから、子どもたちが遊びを通してたくましく成長する姿を、ぼくは何度も見てきました。

この経験を活かして、幼稚園や保育園、公共施設やショッピングモールなど子どもたちがよく行く場所に、「キドキド」のような遊び場や、好奇心を育てる遊具の設置などを、提案していきたいと思います。

世の中に親子の笑顔をもっと増やすには、どうすればよいのか、もっともっと考えていきたいです。

プレイリーダーになるには……

プレイリーダーになるために必要な資格はとくにありません。さまざまな団体で行われている養成講座などを受け、子どもの発達に関する知識や子どもとのふれ合い方を身につけることでプレイリーダーとして認められ、社会で活躍する場合が多いようです。また、玩具販売会社などが、社員をプレイリーダーとして育てている場合があるので、そうした会社に就職するのもよいでしょう。

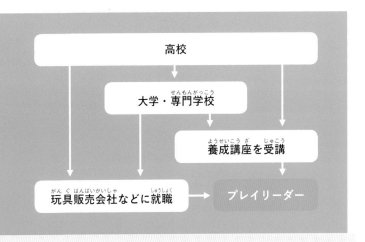

用語　※ ワークショップ ⇒ 参加者が実際に作業や意見交換を行って、技術や知識を修得する、体験型の講座。

Q この仕事をするにはどんな力が必要ですか？

子どもの個性を受け止められる、広く大きな心です。子どもたちは、自分の思うままに行動します。プレイリーダーは、子どもの「やりたい」という意志を尊重して、そっと背中を押します。すると子どもたちは、遊びのなかで、自分のやりたいことが叶えられることを学んでいきます。

また、子どもたちの成長の瞬間を見のがさない力も大切です。何かをできるようになったとき、「すごいね」、「がんばったね」と、声をかけられるように、自分のことだけでなく、周囲にも注意をはらう力があるとよいです。

最近は、日本に住む外国人が増え、英語を話すお客さんが増えてきました。海外の遊び場施設を見てまわる出張もあるので、英語力もあった方がよいと思います。

鈴木さんの夢ルート

小学校 ▶ スポーツ選手

明確な目標はなかったが、
野球やサッカー選手にあこがれた。

▼

中学校 ▶ 技術者

手に職をつけて、早く仕事に就き、
母親に楽をさせてあげたいと思って
高校は、工業高校を目指した。

▼

高校 ▶ 電気工事士

電気は生活に必要なものだから
仕事がなくなることはないだろうと考えて
電気工事士の資格をとった。

▼

大学 ▶ 子ども関係の仕事

本当にやりたいことは何か考えたとき、
親子の笑顔を生む仕事がしたいと気づいた。

Q 中学生のとき、どんな子どもでしたか？

野球部でピッチャーをまかされていて、雨の日も風の日も毎日、野球ばかりしていました。監督はとてもこわい存在でしたが、野球の技術だけでなく、人としてのマナーや言葉づかい、生活態度についてもしっかり教えてくれました。監督のおかげでどこに出てもはずかしくない、人間形成の土台ができたと感謝しています。

部活に明け暮れていたので、あまり勉強はしていませんでした。数学と体育は好きでしたが、国語と英語は不得意でした。とくに英語は好きではなかったのですが、仕事で使う機会も多いので、もし中学生時代にもどれるなら、今度はちゃんと勉強したいです。

中学3年になって進路を考えるときは、手に職をつけ、早く就職したいと思っていました。母が苦労している姿を見ていたからです。それで、工業高校の電気科に進学して、電気工事士の資格をとりました。

ちなみに、高校卒業後は働くつもりだったんですが、母が「自分のしたいことを自由にしなさい」と言ってくれたので大学に進学しました。おかげで仕事の選択肢が広がり、今の仕事に就くことができました。

毎日、野球部の練習であせを流していた鈴木さん。ピッチャーとして活躍しながらチームをまとめていた。

当時使っていたグローブとボール。毎日練習にはげみ、きずなを深めたことで、チームワークの大切さを学んだ。

Q 中学のときの職場体験は、どこに行きましたか?

職場体験の場所は自由に選んでよいと言われたので、親戚が営んでいる「タカヤマ写真」という写真館に行きました。小学校の卒業アルバムのための撮影などを手がけているお店です。2か月の間に4回ほど通い、撮影機材の荷物を持って運ぶ手伝いからスタートして、最後は、プロの撮影方法まで教えてもらいました。

Q 職場体験ではどんな印象をもちましたか?

小学校の運動会の撮影に同行して、ぼくも写真を撮らせてもらったのですが、とても難しかったのを覚えています。「動いている人の呼吸に合わせて撮るのがコツだよ」と教わったので、じっくり観察することを心がけて、夢中で撮りました。走ったり動いたりしている人の撮影はとても大変で、プロの技術はすごいなと思いました。

このときに身につけた撮影技術のおかげか、友だちや仕事仲間に「写真を撮るのがうまいね」とほめられることがあります。また今の仕事では、子どもやスタッフのようすをよく見るのが役目のひとつですが、職場体験で教えてもらった観察する力が役に立っているように思います。

Q この仕事を目指すなら、今、何をすればいいですか?

インターネットや、スマートフォンのゲームに夢中になっている人も多いと思いますが、ぜひ、現実世界での体験をたくさんしてください。プレイリーダーの仕事でも、店長としての仕事でも、相手にするのは、子どもやその家族などです。ふれあいを通したコミュニケーション能力がないと、子どもと遊べませんし、成長に気がつくこともできません。

そして、いっしょにいる友だち、家族、部活、学校生活など、当たり前の日常を大切にしてください。毎日を大切に過ごすと、自分がどれだけの人に支えられているかに気がつくことができ、自分も周囲に優しくなれると思います。

子どもも保護者も笑顔にできるのがこの仕事のすてきなところです

– 今できること –

ふだんの暮らし

プレイリーダーは、子どもが安全に楽しく遊べる環境をつくり、遊びを通して心と体の成長を助ける仕事です。近くの公園などにある遊具や玩具店で人気のおもちゃを調べ、今の子どもたちがどんなもので遊んでいるのか、何が足りていないか考えてみましょう。

また、学校で行うボランティアや職場体験などを利用して、積極的に子どもとふれあう機会をつくるとよいでしょう。身のまわりに赤ちゃんがいる人は、いっしょに遊んで赤ちゃんのようすを見てみましょう。

国語 その子に合った方法で、やる気を引き出すのがプレイリーダーの役割です。その場の状況や相手のようすに応じて、話したり、聞いたりできる力をつけましょう。

社会 地域の伝統的な生活や文化を学び、子どもの遊びに取り入れていくことを考えてみましょう。

技術 道具の製作などを通して、遊びと子どもの成長についての関係を理解しましょう。また、実際にふれ合う活動を通して、子どもとの接し方を学びましょう。

英語 子どもの発達に役立つ遊びの研究は、各国で進められています。世界の教育現場を学び、子どもたちとふれ合うために、日常会話ができるようになりましょう。

ベビー服デザイナー

Baby Clothes Designer

ナルミヤ・
インターナショナル
上村麻衣さん
入社4年目 24歳

> かわいくて、機能性にも
> 優れたベビー服を
> デザインしています

ベビー服デザイナーは、赤ちゃんの服やぼうし、くつなどのかたちや色、生地の素材、縫い方などを考える仕事です。ベビーと子ども服のブランド「プティマイン」でデザイナーとして活躍する、上村麻衣さんにお話をうかがいました。

Q ベビー服デザイナーとはどんな仕事ですか？

　赤ちゃんが着る服をデザインするのがベビー服デザイナーです。赤ちゃんは自分で服を着ることができません。大人が服に赤ちゃんの腕を通し、ボタンを留め、ズボンをはかせてあげなければなりません。そこで、ベビー服のデザイナーは、赤ちゃんが着ていて心地よいのはもちろん、大人にとっても着せやすいデザインを考えます。

　大人向けでも赤ちゃん向けでも、デザイナーはブランドのイメージに合ったデザインを考えなければいけません。そして、毎シーズンブランド内で決められるテーマに基づき、デザイン案をつくります。私は、「プティマイン」という、赤ちゃんと子ども向けのブランドでデザイナーをしています。プティマインの特徴は、大人のファッションの流行を取り入れたり、落ち着きのある色を使ったりするところにあります。

　私は、この特徴を活かしながら、「こんなかたちにしたら着せやすいかな」とか、「赤ちゃんのかわいさを引き出してあげられるかな」などと考えて、デザイン案をつくっています。

　考えたデザイン案は、商品の販売を管理する部門の人や、生地の仕入れなどを管理する人などに見せて、意見を聞いたり、相談したりしながら修正を加えます。

　デザインが決定すると、今度は使用する生地やボタン、サイズ、色、価格などを細かく書いた指示書をつくり、服をつくる工場へ送ります。工場の人がまずサンプルをつくってくれるので、そのサンプルを、赤ちゃんの人形に着せて、イメージしたデザイン通りか、赤ちゃんはその服を着て自由に動けるかなどを確認します。変更したいところがあれば、指示を伝え、もう一度サンプルをつくり直します。

　つくり直したサンプルを確認し、問題がなければ、次は商品の生産に入ります。すべての生産が完了し、お店に並ぶ前の最後のチェックを行うのも、デザイナーとしての大事な仕事です。

いろいろな人の意見を参考に、自分が本当によいと思うデザインを決めるのが上村さんの仕事。

Q どんなところがやりがいなのですか？

　街を歩いていて、私がデザインした服を着ている赤ちゃんを見かけたり、SNSに写真がアップされていたりするのを、思いがけず発見するとうれしくなります。

　また、プティマインは、出産祝いのプレゼントとして選ばれることが多く、特別なベビー服と見てもらえていることも、大きなやりがいです。

　自分のデザインしたベビー服がお店にずらりと並んでいるのを見ると、「これからも、どんどんかわいい服をつくるぞ」とやる気がみなぎりますね。

仕事場には何着ものサンプルが並ぶ。「大人の服で流行している色や柄を、ベビー服や子ども服に取り入れて、かわいらしく見せるデザインが私は得意です」

上村さんのある1日

09:30	出社。メールのチェック
10:00	工場から届いたサンプルを確認
10:30	次のシーズンのデザイン案を作成
12:00	ランチ
13:00	打ち合わせ。会社のほかの部門の人や、工場の人とサンプルを確認。変更や修正する部分を決める
16:00	2か月先のシーズンのデザイン案を考える
18:00	退社

Q 仕事をする上で、大事に していることは何ですか？

お客さまの声を大事にしています。自分では気がつけなかったデザインのヒントがたくさんあるからです。

プティマインでは、週に1度、商品に関わる社員が集まり、打ち合わせをします。このとき、接客スタッフから、お客さまの意見を届けてもらうようにしています。実際に買った人の意見はとても貴重です。「これは着せづらかった」、「こんな服があるといいな」といった感想を、できるだけ次のデザインに反映させられるように心がけています。

一方で、自分の意志をもつことも重要です。「こういうものをつくりたい」というデザイナーとしての強い気持ちがなければよいものはつくれないと思うからです。

Q なぜこの仕事を 目指したのですか？

小学生のころ、地元にある子ども服のお店に初めて母と訪れて、おどろいたのがきっかけです。小さな服のなかに、夢がたっぷりつまったかわいいデザイン、優しい色合い、着心地のよさそうな手ざわり。お店のなかにいるだけで、幸せな気持ちになれました。「私もこんなかわいい服をつくる人になりたい」と思い、その日以来、デザイナーになることが私の夢になりました。

夢をかなえるため、自分なりにいろいろなことをしました。毎日のようにデザイン画を描いたり、お年玉を貯めてミシンを買って、着なくなった服を新たな服につくりなおしたりしましたね。

地元のその子ども服店にも、何度も足を運びました。お店でいちばん気に入った服のブランド名を調べて、そこのブランドをつくっている会社の社長さんに「デザイナーになりたいです。どうしたらなれますか？」と手紙を出したこともあります。それを読んだ社長さんから「あなたの夢を応援していますよ」と、すてきな返事が届いたんです。とてもうれしくて、絶対にデザイナーになろうと思いました。

その社長さんは、今私が働いている会社とは別の会社の方ですが、今でもお付き合いが続いています。そして、私が夢を叶えたことを、とても喜んでくれています。プティマインのデザイナーとなり、子ども服だけでなく、ベビー服もデザインするようになった今、毎日がとても充実しています。

Q 今までに どんな仕事をしましたか？

服飾を学ぶ専門学校に通ったのですが、2年生の夏に今の会社への入社が決まり、翌年4月の入社に向けて、会社で週に3日アルバイトをしました。土曜日と日曜日は商品を販売するショップで働き、水曜は本社で先輩デザイナーの手伝いをしました。そのとき学んだのは、デザイン画を描くために必要なIllustratorというアプリ※の使い方です。

そのかいもあって、4月に入社したその日から、先輩のもとでデザインの仕事にたずさわることができ、3か月後には自分のデザインした商品が初めて店頭に並びました。秋にはベビー服のデザインをひとりでまかされ、2年目からは小物のデザインも担当することになりました。

「デザイン画は、アイデアの段階でノートに描きますが、仕上げは、パソコンを使って描いています」

Q 仕事をする上で、難しいと 感じる部分はどこですか？

私は子育てを経験したことがないので、本当の意味で赤ちゃんに必要なものが何なのかや、育てる人にとって使いやすいデザインはどんなものなのかがわかりません。そこを補ってデザインすることに難しさを感じます。

そのため、赤ちゃんのいる友だちと月に1度は会うようにしています。服を着せるときに不自由に感じることを聞いたり、赤ちゃんにサンプルを着てもらって、動きを観察したりして、デザインに取り入れています。

サンプルでは、赤ちゃんが心地よく身につけられるように、縫い目のずれなど細かな部分まで確認する。

用語 ※ アプリ ⇒ アプリケーションソフトウェアの略。パソコンやスマートフォンで使用するもの。

Q ふだんの生活で気をつけていることはありますか？

　新しくできたレストラン、流行している音楽、SNS から発信される情報など、ファッション以外のあらゆる話題にも目を向けることを心がけています。気になることがあれば、すぐにメモしたり、写真を撮ったりもします。デザインのヒントはいろいろなところにあるからです。

　また、どこかに出かけるときは、赤ちゃんがどんな服を着ているのか気になり、自然と目がいってしまいます。

Q これからどんな仕事をしていきたいですか？

　赤ちゃんにとって着心地がよいことはもちろん、大人からも愛されるベビー服や子ども服をたくさん生み出していきたいです。そのためには、さまざまな声に耳をかたむけ、海外のブランドもどんどん研究していきたいと思っています。

　私は子どものころ、かわいい子ども服を見ると、心から幸せな気持ちになりました。今度は私のデザインした服で、赤ちゃんと子どもたちに笑顔を届けたいです。そして私の服を着て育った子どもたちが、ファッションに夢をもってくれたらうれしいですね。

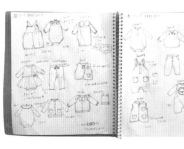

・デザイン用のノート・

・カラー見本帳

・指示書

・メジャー・

PICKUP ITEM

デザイン用のノートには、アイデアを思いついたとき、すぐに描いておく。カラー見本帳は、服の色を考えるときに使用。左は、実際に縫ったときのイメージがわきやすい糸を使った見本帳。右はパソコン上でも色を再現できるように色の配合が数値化されている。指示書は、つくりたいものの色やサイズなどを書いて工場にお願いするとき作成する。メジャーは、服のサイズを測って確認するのに欠かせない。

ベビー服デザイナーになるためには……

　多くの人は、高校を卒業後、服飾系の大学や専門学校に進み、デザインや型紙の制作方法、縫製などについて学びます。その後、ベビー服をあつかう会社に就職し、デザイナーとして活躍しています。経験を積んだ後に会社をやめて独立し、いろいろな会社からデザインの依頼を受けてデザインする人や、自分自身でブランドを立ち上げ、服をデザインして販売する人もいます。

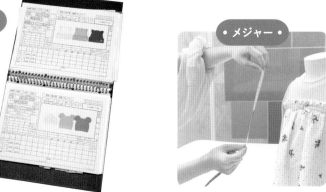

高校
↓
大学・専門学校（服飾系など）
↓
ベビー服メーカーにデザイナーとして就職　→　独立

Q この仕事をするには どんな力が必要ですか？

デザイナーは、新商品を楽しみにしてくれているお客さまのために、質のよいものを完成させる必要があります。

そのためには、「アイデアの引き出し」をいっぱいもつことや、最後までよいものをつくろうという責任感が必要だと思います。デザインのアイデアが浮かばなかったり、サンプルがなかなか思い描くかたちに進まないことも多々あります。しかし、あきらめずによいものをつくろうという強い気持ちがあれば、この仕事を続けていけると思います。

「自分のデザインに責任をもつことが大切です」と話す上村さん。「壁にぶつかってもあきらめなければ、必ずヒントはみつかります」

上村さんの夢ルート

小学校 ▶ 子ども服のデザイナー

子ども服のお店に母親と行き、
かわいい服を見て、
自分も服をつくる人になりたいと思った。

▼

中学校・高校 ▶ 子ども服のデザイナー

書店で偶然見つけた
1960〜70年代ファッションの
本に夢中になった。大人向けの本だったが、
子ども服にも取り入れられないか考えていた。

▼

専門学校 ▶ 子ども服のデザイナー

ナルミヤ・インターナショナルで
週3回アルバイトをするようになり
子ども服デザイナーへの決意がより強まった。

Q 中学生のとき、 どんな子どもでしたか？

時間があればデザイン画を描いたり、縫いものをしたりと、時間を忘れて夜おそくまで作業していました。また、偶然書店で見つけたファッションの本に夢中になり、ますます服飾の世界に興味がわいたのもこのころです。

体を動かすことも好きだったので、習い事ではヒップホップダンスの教室にも通っていました。おどることはもちろん楽しかったのですが、発表会の衣装を考えることも楽しみのひとつでした。

勉強面は、出された宿題はきちんとやりましたが、自分から積極的に勉強する方ではなかったです。でも、暗記が得意だったので、テスト前だけは夜中まで集中して勉強し、それなりに結果を出していました。何かにハマると没頭してしまう性格は、今も変わっていません。

中学生のときに書店で偶然見つけたという書籍『60s + 70s Fashon Icons』。今もときどき見返すほど大切にしている。「ベビー服とはかけはなれた本ですが、よい刺激になるんです」

Q 中学のときの職場体験は、 どこに行きましたか？

私の中学校では、2年生で行う職場体験に向けて、1年生のころから準備がありました。自分の興味のある職業を調べてレポートをつくったり、身だしなみや言葉づかいなどのマナーを事前に学んだ記憶があります。

職場体験は、地元の書店に2日間行きました。その書店では、新たに雑貨の販売を始めるということで、商品の確認をしたり、値段のシールをはったり、商品棚に並べる仕事も手伝いました。

Q 職場体験では どんな印象をもちましたか？

　書店で働く人たちは本好きな人が多く、毎日好きなものに囲まれて仕事をするのは楽しそうでした。商品を並べたり確認したりする作業をしていても、お客さまが来たらサッと切りかえてにこやかに接客をする姿もかっこよくて、とても勉強になりました。

　また、お客さまにもっと本に興味をもってもらうために、本に関係する雑貨の販売も始めたと知り、「いろいろと工夫をしているんだな」と思いました。そして、仕事というのは工夫することでお客さまに喜んでもらい、商品を買ってもらうものだとわかりました。

　私もデザイナーになったら、着る子どもたちが喜ぶようなものをつくろうと決意しました。同時に、早く大人になって働きたいと思うようになりましたね。

Q この仕事を目指すなら、 今、何をすればいいですか？

　勉強をすることも大切ですが、外へ出かけることも大切です。デザイナーは、見たものや経験したもの、感じたことを、自分の感性でかたちにしていく仕事です。ショッピングモールや美術館、遊園地、海や山といった自然など、たくさんのものを見て、ふれて、感じてください。家のなかにいるだけでは気づかない発見やアイデアが出てくると思います。それを、文字や絵など、自分の方法で残すとよいです。

　また、夢や目標に向かって、あきらめずにがんばることも大切です。わたしもデザイナーになるために夢中になって取り組み、今の仕事にたどり着くことができました。

職場体験の書店で働く上村さん。雑貨を売ると聞いて初めは不思議だったが、理由を聞いて、「なるほど！」と思った。

子どもがファッションに夢をもってくれるようなかわいいベビー服をつくります

－ 今できること －

ふだんの暮らし

　大人の服もベビー服も、デザイナーの仕事はよいデザインを考えて、服をつくることに変わりはありません。しかし、子どもは成長途中にあるため、年齢によって求められる機能や、「かわいらしさ」の基準がちがいます。買い物などに行ったときは、ベビー用品売り場に行き、売られている服の種類やデザイン、生地や色の使い方などを注意して見てみましょう。また、自分が小さいころどんな服を着ていたか、写真を見たり保護者に聞いたりしてみるのもよいでしょう。

国語　ベビー服デザイナーは自分のアイデアを提案するために、どんな服をつくりたいのか言葉で伝えなければなりません。人にきちんと伝わる表現力を学びましょう。

社会　服は機能性も大切です。各地域の気候を学び、暑さや寒さに対応したデザインなど、今後どのようなものが服に求められているか考えてみましょう。

美術　表現力や独創性はデザイナーに不可欠です。アートにふれて色彩感覚やバランス感覚を養いましょう。

家庭科　ミシンの使い方、生地のちがいなど服づくりの基本的な技術が学べます。また、衣服についている洗濯表示や品質管理のマークの意味も理解して覚えましょう。

病児保育士

Sick Child Care Worker

フローレンス
肥後美穂香さん
入社4年目 28歳

> 具合の悪い
> 子どもを預かり
> 働く保護者を
> 支えます

子どもが病気になると、保育園では預かってもらえないことがあります。そんなとき、働く保護者のサポートをしてくれるのが、保育や看護の知識をもった病児保育士です。そこで、フローレンスで働く、肥後美穂香さんにお話をうかがいました。

Q 病児保育士とはどんな仕事ですか？

病児保育士とは、病気にかかっている子どもや、治りかけの子どもを預かる保育士のことです。

保育園は、仕事をもつ保護者が、子どもを預けることのできる施設です。しかし、保育園の多くは、「熱がある子どもや、インフルエンザのように感染が心配される病気にかかっている子どもは、完全に治るまで預からない」というルールがあります。病気の子どもを看護する体制が整っていなかったり、ほかの子どもにうつる心配があったりするからです。そのため、保護者は、子どもが病気のときは仕事を休むか、面倒をみてくれる人を見つけなければなりません。本当は保護者も、子どものそばについて看病してあげたいと思っているはずです。しかし、仕事には、どうしても休めないときがあるものです。

そうした保護者を応援するのが、病児保育士です。私はフローレンスという病児保育に取り組むNPO法人※に所属し、訪問型の病児保育士「こどもレスキュー隊員」として働いています。訪問型とは、病児保育士が、預かる子どもの家に行き、その家で保育を行うことです。子どもは自分の家で安心して過ごせますし、病児保育士は、子どもの症状や気持ちに寄りそった、より手厚い保育ができます。私は、もともと幼稚園の教諭の資格と保育士の資格をもっていたのですが、さらに病児保育士として病気の子どもへの対処法や知識をフローレンスの研修でしっかり学びました。

具体的な仕事内容としては、保護者から子どもの具合や、お世話をすべき内容を確認してから預かり、水分補給、食事、着がえなど、体温や体調の変化に気を配りながら看病します。必要であれば、病院にも連れて行きます。

子どもを保護者から預かるところ。初めて見る顔に、不安を感じている子どもを、優しい笑顔でむかえる。

Q どんなところがやりがいなのですか？

預かった子どもが、元気をとりもどし、保護者が帰ってくるのを笑顔でむかえることができたとき、この子の役に立ててよかったなと思います。

また、保護者には、1日のようすを記録した「病児保育記録」を渡します。体調や体温をはじめ、食事やお昼寝の時間、トイレの回数や量、遊びの内容などを細かく書くのですが、それを見て「子どもの1日のようすが手にとるようにわかる」と、とても喜んでもらえます。そして、「今日は本当に助かりました」と感謝の言葉をもらえることがあります。そんなとき、保護者と子どもの両方の手助けができたと実感できて、やりがいを感じます。

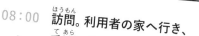

肥後さんのある1日（乳幼児）

08:00	訪問。利用者の家へ行き、手洗い後に、身じたくをする
08:10	引きつぎ。子どもの病状を確認し、離乳食や薬、着がえの服など必要なことを確認する
08:30	保護者を見送り、病児保育開始子どもが寝ているときに「病児保育記録」を書いたり用意してきたランチを食べたりする
14:00	経過報告を事務局に送る。報告は事務局からメールで保護者に連絡がいく
16:00	2度目の経過報告を事務局に送る
17:30	部屋の掃除。使ったおもちゃや食器などをかたづける
18:00	保護者、帰宅。子どものようすを「病児保育記録」を見せながら伝える
18:30	業務終了。帰宅後に今日の仕事内容をノートにまとめる

用語 ※ NPO法人 ⇒ 利益を求めずに、社会問題に取り組む民間の組織のこと。

Q 仕事をする上で、大事にしていることは何ですか？

笑顔を忘れないことです。その子にとってもっとも安心できる自宅であっても、体調が悪い上に、初対面の私とふたりで1日を過ごすとなると、不安を感じているはずです。だから、「大丈夫だよ、安心してね」という気持ちをこめて、笑顔でいることを大切にしています。

また、子どもの年齢や病状、性格に合わせ、その子がもっともリラックスできるかたちで保育することを心がけています。だっこしてあげたり歌を歌ってあげたりすると安心して寝てくれる子どももいますし、少し大きくなると、ひとりで静かに寝たいという子もいます。ようすを見ながら、何を望んでいるか感じとってあげることが大切なんです。

子どもの具合を見ながら、保育をする肥後さん。初めはぐずっていた子どもも、時間が経つと、すっかり安心したようすに。

Q なぜこの仕事を目指したのですか？

もともと、6歳下の弟の世話をするのが好きでした。弟の友だちもいっしょに小学校に連れて行ったり、公園で遊んであげたりしていました。

子どもが大好きだったので、保育士や幼稚園の先生になるための勉強ができる大学に進学し、保育士、幼稚園教諭、認定ベビーシッター※の3つの資格を取得しました。大学卒業後は保育園に就職し、0歳や1歳のクラスを担当しました。たくさんの子どもたちとふれあえるのは、とても楽しかったのですが、大きな保育園だったこともあり、ひとりひとりの子と向き合った保育をすることができませんでした。

自分の目指す保育ができないことに悩みはじめたとき、大学時代にアルバイトをしていた保育園で、病児保育を行っていたことを思い出しました。病児保育ならひとりひとりと向き合うことができ、働く保護者のサポートもできると思いました。そこで病児保育士として働ける場所を探したところ、フローレンスに目が留まりました。

Q 今までにどんな仕事をしましたか？

フローレンスに入り、病児保育をするようになってからは、1か月に約20人くらいの子どもたちの保育をしています。初めは、基本的な知識を身につけるため研修を受けたり、先輩といっしょに行って保育をお手伝いしたりしながら仕事を覚えていきました。そして、ひとりで担当しても大丈夫と認められてからは、正式な「こどもレスキュー隊員」として依頼を受けるようになりました。

依頼のない日は、フローレンスの事務局に出社し、より専門的な知識をつけるための研修を受けています。研修内容はさまざまで、例えば、ウイルスの感染を広げないための対処方法や、流行している病気や、薬についての情報共有などです。研修中に病児保育の依頼が入ることもあり、そのときはすぐに利用者のもとに向かいます。保育が長時間に渡るときや、病状が重いときは、ベテランのスタッフと、ふたり体制で保育をしています。

利用者の家に行ってまず行うのは、手を洗うこと。その後も、こまめな手洗いで清潔に保つ。

Q 仕事をする上で、難しいと感じる部分はどこですか？

自分の気持ちを言葉で伝えられる年齢であれば、どこがつらいのか聞くことができますが、赤ちゃんだとそれができません。泣いたり不機嫌になったりして、何かを伝えようとしているのですが、それをわかってあげられないとき、この仕事の難しさを感じます。

また、せきやだるさで寝られなかったり、せきのしすぎで、吐いてしまったりする子もいます。できる限りの看護をしていますが、それでも症状がなかなかよくならないときは、とてもかわいそうになり、心苦しい気持ちになります。

用語 ※ 認定ベビーシッター ⇒全国保育サービス協会が認定する資格。0歳から12歳の子どもを利用者の自宅で保育するための知識と技術を身につけていることを証明する。

Q ふだんの生活で気をつけて いることはありますか？

自宅に出向いて行う保育なので、相手に失礼のないふるまいをするように心がけています。例えば、脱いだ靴はきちんとそろえる、家のなかにあるものはていねいに使う、言葉づかいには気をつける、などです。

また、自分が病気にならないように、感染予防には気をつかっています。帰宅後はすぐに手洗いうがいをし、服も着がえます。外出時は必ずマスクをし、手がよごれたらすぐに除菌できるよう、ウェットティッシュを持ち歩くのも忘れません。体調管理も仕事のうちなので、万全にしています。

・ ゴム手ぶくろとマスク ・

・ 身分証 ・

・ エプロン ・

PICKUP ITEM

身分証はフローレンスの「こどもレスキュー隊員」であることを証明するもの。利用者の家に行ったら最初に見せる決まりとなっている。エプロンは、よごれたときに備え、かえも用意。ゴム手ぶくろとマスクは感染予防に欠かせない。

Q これからどんな仕事を していきたいですか？

病気の子どもだけでなく、その保護者にも寄りそうことのできる保育を目指したいと思っています。

子どもが病気になると、仕事をしながらの看病や病院通いなどで、疲れきってしまう保護者がたくさんいます。また、初めての子育ての場合、病気の子に何をしてあげればよいかわからないという人もいます。近所に子育てをサポートをしてくれる人がいるときはよいのですが、だれもいないということも、よくあります。

そうした保護者の味方として、頼れる存在になることが目標です。そして、「ひとりでがんばらずに、どんどん頼ってくださいね」と声をかけ、心を軽くしてあげられるような、温かい存在になりたいです。

保護者と連絡事項を確認。安心して子どもを預けてもらうには、信頼関係が重要なのでしっかり行う。

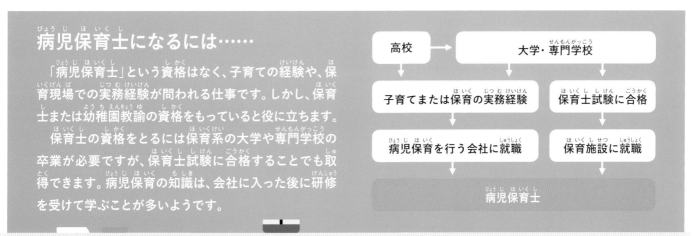

病児保育士になるには……

「病児保育士」という資格はなく、子育ての経験や、保育現場での実務経験が問われる仕事です。しかし、保育士または幼稚園教諭の資格をもっていると役に立ちます。

保育士の資格をとるには保育系の大学や専門学校の卒業が必要ですが、保育士試験に合格することでも取得できます。病児保育の知識は、会社に入った後に研修を受けて学ぶことが多いようです。

```
高校 → 大学・専門学校
 ↓         ↓              ↓
子育てまたは保育の実務経験   保育士試験に合格
 ↓              ↓
病児保育を行う会社に就職   保育施設に就職
            ↓
         病児保育士
```

Q この仕事をするには どんな力が必要ですか？

子どもが好き、というのがいちばんです。でも、ただかわいいから好きとか、いっしょに遊ぶのが好きというだけではつとまりません。大切な命を預かっていることへの責任感や、子どもが何を求めているのかを見極める力が必要です。

また、病児保育士には、保育の知識に加えて、子どもの感染症の知識も必要です。子どもの体調変化を見のがさず、何かあったときは、あわてずに対処してあげられるように、自分の知識を広げていく力も必要だと思います。

子どもの熱を測って、病状に変化はないか確認。いやがらないように、ようすを見ながら行う。

肥後さんの夢ルート

● 小学校 ▶ 保育士か作家

幼稚園のときの先生が大好きだったから。また、本も好きで、作家にも興味があった。

▼

● 中学校・高校 ▶ 保育士

大好きな子どもたちと毎日ふれ合える保育士になりたいと思った。

▼

● 大学 ▶ 保育士

保育士は、働く人を支援する仕事でもあることに気がつき、社会貢献できるところに、ますますひかれた。

Q 中学生のとき、 どんな子どもでしたか？

小さいころから本を読むことが好きで、中学生時代も休み時間は図書館にこもってずっと読書をしていました。そのおかげか勉強はきらいでしたが、国語は好きでした。今の仕事では、保育記録やレポートを書くことが多いので、国語が得意でよかったです。

部活は、硬式テニス部に入っていました。週4回、筋肉トレーニングにはげむ厳しい部活でしたが、仲間とテニスをするのがとても楽しくて引退までがんばって続けられました。

学校以外では、地元で阿波おどり※のチームに参加していました。姉や弟もいっしょにやっていて、今もイベントなどがあると、チームでおどっているんですよ。

夢は小さいころからずっと変わらず、保育士になること。中学校の卒業文集にもその思いを書いた。

第38回
立春式
三宮市立第四中学校

私の夢

私の小さい頃からの夢は保育士になることだ。保育士になろうと思ったのは、幼稚園と先生が大好きだったからだ。とてもやさしくて、その時私は保育士になろうと思った。職場体験で保育園へ行ったからだ。先生の仕事は園児が寝た後…

Q 中学のときの職場体験は、 どこに行きましたか？

中学2年生のとき、1日だけ地元の保育園で職場体験をしました。先生が用意してくれたリストのなかから体験先を決めたのですが、保育園は大人気だったので、決まったときはうれしかったです。4歳と5歳のクラスを体験することを事前に教えてもらい、子どもたちに会えるのが楽しみで、ドキドキしながら当日をむかえたのを覚えています。

用語 ※ 阿波おどり ⇒徳島県徳島市を中心におどられている盆おどり。現在はさまざまな地域でおどられている。

Q 職場体験ではどんな印象をもちましたか?

体験前、保育園というのは子どもを預かる場所で、保育士の仕事は、いっしょに遊んだり、ごはんを食べたりする仕事くらいにしか考えていませんでした。

でも、実際に見た保育士の仕事内容は、たくさんありました。子どもたちを遊ばせるときは、最初に安全かどうかを確かめる。お昼寝の間は、子どものようすを保護者に向けて伝える「おたより帳」を書く。子どもが帰った後は、季節の飾りつけをしたり行事の準備をしたりする。先生たちがあわただしく仕事をしているのを見て、子どもが好きなだけじゃだめなんだ、と実感しました。

それでも、子どもたちの笑顔は私を元気にしてくれて、やっぱり保育士になりたいと強く感じました。

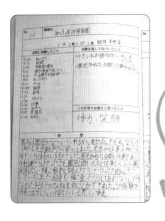

職場体験に行った人全員のレポートがまとめられた報告書。保育園に行った肥後さんは、「保育士に必要なのは体力と笑顔」と、書いている。

Q この仕事を目指すなら、今、何をすればいいですか?

まずは実際に体験してほしいと思います。学校の職場体験でもよいし、中学生向けの保育園ボランティアに挑戦してみるのもよいと思います。子どもたちとふれ合って、いっしょに遊んだり、先生のお手伝いをしたりすると、実際に自分が保育士となって仕事をする姿がイメージできると思います。私も、職場体験をきっかけに、もっと保育の現場を知りたいと思い、家庭科の授業で保育園の見学をしたり、保育園ボランティアに行ったりしていました。

また、病児保育士は、働く保護者の味方でもあるので、身近にいる大人の働く姿にも関心をもってほしいです。

子どもと保護者、両方が安心できるように私たちがサポートします!

- 今できること -

ふだんの暮らし
病気の子どもを預かる仕事なので、子どもの具合をつねに気にしなければなりません。友だちや家族の、具合や気分のささいな変化に気づけるようになりましょう。もし落ちこんでいるのを見かけたら、積極的に声をかけて相談にのってあげましょう。

また、ふだんから病気にならないように気をつけることも大切です。家に帰ったら、手洗いやうがいをしっかり行うのはもちろん、身のまわりを清潔に保つこと、規則正しい生活を送ることを習慣づけましょう。

 国語
子どもの具合の変化を親に伝える仕事なので、読んだ本の内容を文章にまとめたり、友だちに話すとよい練習になります。言葉づかいにも気をつけましょう。

 社会
子どもと接する仕事ですから、子どもに関わる世の中の問題を調べ、知っておくことは大切です。

 保健
病気の子どもの保育をすることで、自分自身が感染症にかかる可能性があります。保健の分野で感染予防について学びましょう。

 家庭科
子どもがいる家に直接行って保育をする仕事です。幼児の生活について学び、子どもの成長に家族や家の環境がどのように関わっているのかを考えてみましょう。

仕事のつながりがわかる
ベビーの仕事 関連マップ

ここまで紹介したベビーの仕事が、
それぞれどう関連しているのか、見てみましょう。

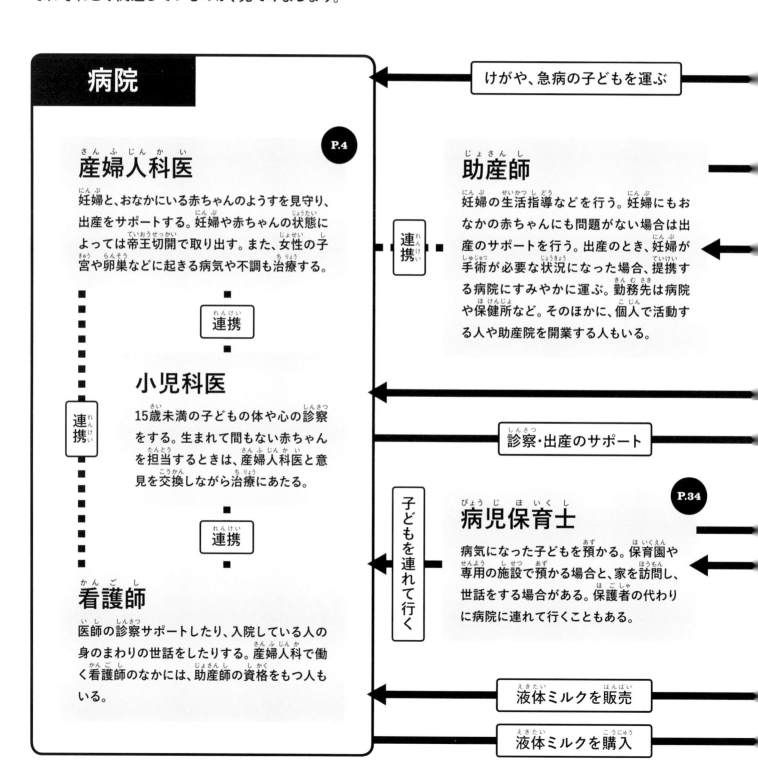

病院

産婦人科医　P.4

妊婦と、おなかにいる赤ちゃんのようすを見守り、出産をサポートする。妊婦や赤ちゃんの状態によっては帝王切開で取り出す。また、女性の子宮や卵巣などに起きる病気や不調も治療する。

連携

小児科医

15歳未満の子どもの体や心の診察をする。生まれて間もない赤ちゃんを担当するときは、産婦人科医と意見を交換しながら治療にあたる。

連携

看護師

医師の診察サポートしたり、入院している人の身のまわりの世話をしたりする。産婦人科で働く看護師のなかには、助産師の資格をもつ人もいる。

けがや、急病の子どもを運ぶ

助産師

妊婦の生活指導などを行う。妊婦にもおなかの赤ちゃんにも問題がない場合は出産のサポートを行う。出産のとき、妊婦が手術が必要な状況になった場合、提携する病院にすみやかに運ぶ。勤務先は病院や保健所など。そのほかに、個人で活動する人や助産院を開業する人もいる。

連携

診察・出産のサポート

子どもを連れて行く

病児保育士　P.34

病気になった子どもを預かる。保育園や専用の施設で預かる場合と、家を訪問し、世話をする場合がある。保護者の代わりに病院に連れて行くこともある。

液体ミルクを販売

液体ミルクを購入

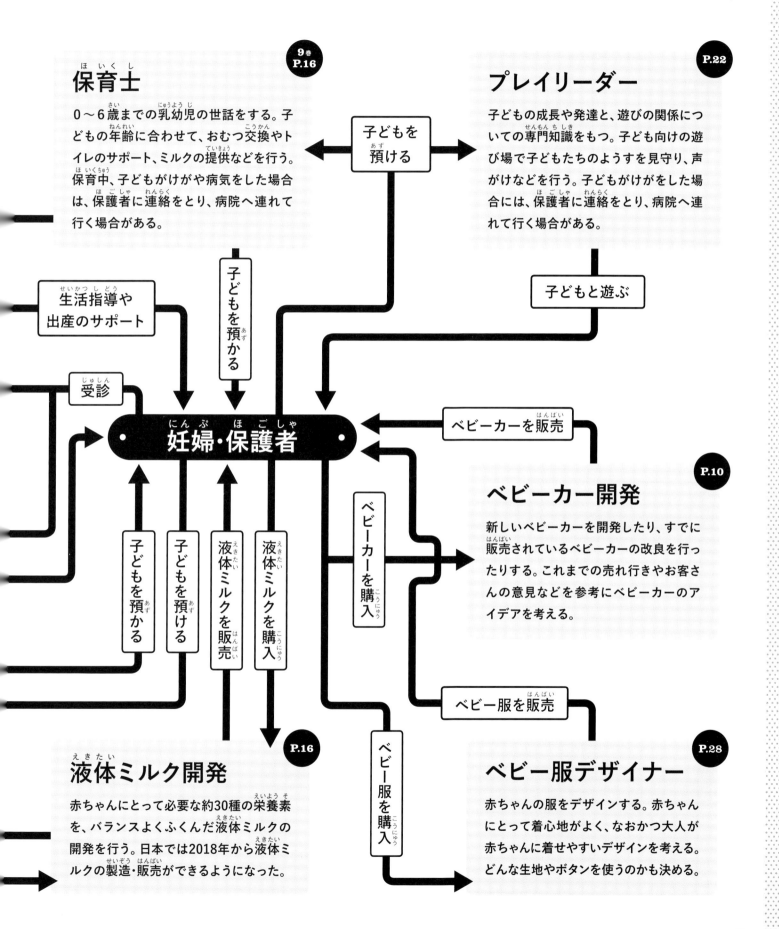

※このページの内容は一例です。会社によって、仕事の分担や、役職名は大きく異なります。

保育士

9巻 P.16

0〜6歳までの乳幼児の世話をする。子どもの年齢に合わせて、おむつ交換やトイレのサポート、ミルクの提供などを行う。保育中、子どもがけがや病気をした場合は、保護者に連絡をとり、病院へ連れて行く場合がある。

プレイリーダー

P.22

子どもの成長や発達と、遊びの関係についての専門知識をもつ。子ども向けの遊び場で子どもたちのようすを見守り、声がけなどを行う。子どもがけがをした場合には、保護者に連絡をとり、病院へ連れて行く場合がある。

子どもを預ける

生活指導や出産のサポート

子どもを預かる

子どもと遊ぶ

受診

妊婦・保護者

ベビーカーを販売

ベビーカー開発

P.10

新しいベビーカーを開発したり、すでに販売されているベビーカーの改良を行ったりする。これまでの売れ行きやお客さんの意見などを参考にベビーカーのアイデアを考える。

子どもを預かる

子どもを預ける

液体ミルクを販売

液体ミルクを購入

ベビーカーを購入

ベビー服を販売

ベビー服を購入

液体ミルク開発

P.16

赤ちゃんにとって必要な約30種の栄養素を、バランスよくふくんだ液体ミルクの開発を行う。日本では2018年から液体ミルクの製造・販売ができるようになった。

ベビー服デザイナー

P.28

赤ちゃんの服をデザインする。赤ちゃんにとって着心地がよく、なおかつ大人が赤ちゃんに着せやすいデザインを考える。どんな生地やボタンを使うのかも決める。

進化するベビー産業

▶ 少子化のなかベビーの仕事は増えている

日本で2018年に生まれた子どもの数（出生数）は、91万8397人でした。これは過去最低記録です。ひとりの女性が生涯に産む子どもの数にあたる合計特殊出生率は1.42と、3年連続で低下しています。政府は幼児教育・保育を無償化したり、男性の育児休業の取得をうながしたり、保育施設を増やしたりするなど、仕事と子育てが両立できるようにするための環境を整えてきましたが、少子化の進行を止めることができていないのです。

子どもの数が減っていくわけですから、ベビーや子どもに関連する産業の先行きは不安なのでは……と考える人は多いかもしれませんが、そんなことはありません。じつは、この市場は年々拡大しています。

その理由のひとつは、ひとりあたりの子どもにかけるお金が増えているからです。例えば、教育費（授業料、教科書・学習参考教材、学習塾の月謝などに支出した費用）を見て

みましょう。日本の子どもの数は、1970年の3188万人から2017年の2034万人へ、約1200万人も減少した一方で、子どもひとりにかかる教育費は1970年には2.4万円でしたが、2017年には37.1万円となり、約16倍になったのです。

ふたつ目の理由は、この市場が海外とつながっていることです。とくにベビー用品には、高い安全性と使いやすさ、それらを支える技術力が求められます。これは日本のメーカーの得意とする部分です。例えば、日本製の安全性の高い粉ミルクや、ほ乳びんは海外でも人気があります。

最近では、子育ての負担軽減に役立つようなベビーテック（BabyTech）が世界で注目されています。これは、Baby（赤ちゃん）とTechnology（技術）を組み合わせた造語です。

日本でも、スマートフォンと連動させるなど、IT技術を活用して子育てを支援する製品が次々と生まれてきています。例えば、保育園で過ごす子どものようすをスマートフォンで確認できるアプリは、すでに多くの保育園や幼稚園で利用されています。

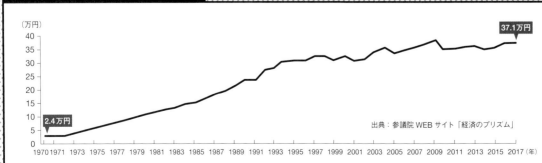

子どもひとりあたりの年間教育費

（万円）

2.4万円

37.1万円

出典：参議院WEBサイト「経済のプリズム」

少子化により、0〜18歳の人口は、1970年から2017年の間で約36％減少。一方で、ひとりあたりにかける教育費は約16倍に上昇。同じ期間の物価が約2倍になったことに比べると明らかに上昇している。

保護者が保育園の入り口でカードをかざすと、登降園時間が記録されるシステム。不審者の侵入を防ぐとともに、保育時間を記録して、保育時間の延長料金の精算をすることもできる。BabyTechの考え方に基づいている。

▶ ベビー産業の発展が少子化対策に

少子化をどうやって食い止めるのか、これは日本全体で取り組まなければならない課題です。例えば、今までは赤ちゃんが熱を出したとき、保護者のどちらかが仕事を休んで病院に連れて行くしかなかったのですが、この本に出てくる「フローレンス」は、病気の子どもの家に行き、働く保護者の代わりに子どもを預かり、病院にも連れていってくれます。このように、子育て中の保護者をサポートするための新たなサービスが増えてきています。

また、内閣府の資料によると、2016年の日本の6歳未満の子どもをもつ夫の家事・育児関連時間は、1日あたり83分でした。2011年の調査に比べると16分増えてはいますが、ほかの国々の男性と比べるとまだまだ低い水準にあります。今後はよりいっそう「男性の育児参加」が求められるため、男性の育児を支援するような製品やサービスが増えてくる可能性があります。

▶ 赤ちゃんの幸せを追い求めて

この本に出てくる江崎グリコの商品開発者は、常温で使える液体ミルクを開発しました。日本初の液体ミルクが発売されたのは2019年3月11日のことです。それまでは粉ミルクをお湯でとかし、その後、冷まさなければ赤ちゃんにあげることはできませんでした。常温で飲める液体ミルクが開発されたことで、火が使えない災害時にもミルクがあげられます。男性も育児に参加しやすくなりました。

赤ちゃんに関する仕事というと、産婦人科医や幼稚園教諭や保育士しか、イメージがわかないかもしれません。しかし、実際はさまざまな企業が赤ちゃんの健やかな発育を願って商品やサービスの開発をしながら、同時に、日本の育児環境を改善するために努力を続けています。

赤ちゃんに関する仕事に取り組むことは、そのまま日本の未来をつくることにほかならないのです。この点にぜひ注目してみてください。

PROFILE

玉置 崇
（たまおき たかし）

岐阜聖徳学園大学教育学部教授。
愛知県小牧市の小学校を皮切りに、愛知教育大学附属名古屋中学校や小牧市立小牧中学校管理職、愛知県教育委員会海部教育事務所所長、小牧中学校校長などを経て、2015年4月から現職。数学の授業名人として知られる一方、ICT活用の分野でも手腕を発揮し、小牧市の情報環境を整備するとともに、教育システムの開発にも関わる。
文部科学省「校務におけるICT活用促進事業」事業検討委員会座長をつとめる。

構成　林孝美

さくいん

【取材協力】

東京女子医科大学病院　http://www.twmu.ac.jp/info-twmu/
コンビ株式会社　https://www.combi.co.jp/
江崎グリコ株式会社　https://www.glico.com/jp/
株式会社ボーネルンド　https://www.bornelund.co.jp/
株式会社ナルミヤ・インターナショナル　https://www.narumiya-net.co.jp/
認定NPO法人フローレンス　https://florence.or.jp/

【写真協力】

ボーネルンド　p25
朝日新聞社　p43

【解説】

玉置 崇（岐阜聖徳学園大学教育学部教授）　p42-43

【装丁・本文デザイン】

アートディレクション／尾原史和
デザイン／石田弓恵・加藤 玲

【撮影】

平井伸造

【執筆】

小川こころ　p4-15、22-39
石川実恵子　p16-21
林 孝美　p42-43

【企画・編集】

西塔香絵・渡部のり子（小峰書店）
常松心平・和田全代・一柳麻衣子・中根会美・三守浩平（オフィス303）

キャリア教育に活きる!

仕事ファイル25
ベビーの仕事

2020年 4 月 7 日　第 1 刷発行
2022年 2 月20日　第 2 刷発行

編　著　小峰書店編集部
発行者　小峰広一郎
発行所　株式会社小峰書店
　　　　〒162-0066東京都新宿区市谷台町4-15
　　　　TEL 03-3357-3521　FAX 03-3357-1027
　　　　https://www.komineshoten.co.jp/
印　刷　株式会社精興社
製　本　株式会社松岳社

©Komineshoten
2020 Printed in Japan
NDC 366　44p　29×23cm
ISBN978-4-338-33305-4